LES CLÉS de l'éducation positive LAROUSSE

Marjorie Schneider
Sophie Nanteuil

AIDER SON ENFANT À GRANDIR AVEC MONTESSORI

Accompagner
Donner confiance
Rendre autonome

Illustrations : Vanessa Robidou

LAROUSSE

Sommaire

1

LA MÉTHODE MONTESSORI

Beaucoup de parents sont intéressés par la pédagogie et les principes de Maria Montessori, mais ne savent pas comment s'y prendre avec leurs enfants chez eux, à la maison.

Comment aménager son domicile afin de permettre à son enfant de devenir autonome ? Comment préparer une activité ? Comment, surtout, la présenter à l'enfant ? En effet, chez Maria Montessori, cette phase est presque aussi cruciale que l'activité. Le matériel n'est qu'une infime facette de cette pédagogie, il n'a un réel intérêt que s'il est utilisé dans un environnement et une ambiance adéquats, présenté correctement, par un adulte qui saura ajuster sa posture.

L'enfant selon Maria Montessori

Jusqu'à 6 ans, Maria Montessori parle de l'enfant à l'esprit « absorbant ». On va l'« impressionner » – dans le sens de marquer, laisser une trace durable – en lui présentant toutes sortes d'activités qui vont l'aider à construire sa pensée et sa personnalité. Pour cela, il y aura différents types d'activités portant sur :

- la vie pratique
- la vie sensorielle
- le langage
- les mathématiques.

À partir de 6 ans, l'enfant passe de l'esprit « absorbant » à l'esprit « comprenant ». Il a de plus en plus besoin de comprendre le monde qui l'entoure et plus seulement de regarder, observer puis reproduire.

Physiquement, il entre dans une période de calme apparent. L'enfant arrive plus facilement à se poser et son intérêt s'ouvre grandement : il devient un explorateur culturel. Mais surtout, il devient un « nouveau-né social », il va entamer sa construction par rapport aux autres enfants et aller à la rencontre du monde. Durant cette période, on lui présentera ce que Maria Montessori appelle « l'éducation cosmique », qui est vraiment la base de la pédagogie pour les 6-12 ans.

Dans la pédagogie Montessori, les enfants arrivent en général à 6 ans en sachant déjà lire, écrire (avec de bonnes notions de grammaire) et compter. À partir de là, on aborde les 5 grands récits, 5 grandes histoires qui vont chacune ouvrir la voie à l'étude de thèmes bien spécifiques :

- l'histoire de la Terre
- l'histoire de la vie sur Terre
- l'histoire de l'Homme
- l'histoire de l'écriture
- l'histoire des chiffres.

Comment aménager sa maison pour réaliser des activités Montessori ?

L'environnement dans lequel va évoluer l'enfant a une grande importance : il doit être riche et de qualité, et surtout l'enfant doit s'y sentir en sécurité. Cet environnement sera organisé, ordonné et adapté à l'enfant pour qu'il puisse y évoluer en toute autonomie et en toute indépendance. Outre le matériel pédagogique, l'enfant aura toujours à sa disposition des tapis (type tapis de salle de bains, tissés serré). Ils seront rangés enroulés, bien droit, et il pourra en choisir un à chaque fois qu'il souhaitera y installer une activité. Le tapis servira de support et de cadre spatial au matériel, à l'activité et ne saurait en aucun cas être une assise pour l'enfant.

Comment présenter une activité Montessori ?

Dans les écoles Montessori, un enfant ne peut utiliser un matériel que s'il lui a été présenté. En effet, les présentations font partie des grands principes de cette pédagogie. C'est pour cela que, pour chaque activité, nous vous expliquerons comment le faire. N'hésitez pas à présenter à l'enfant chaque activité autant de fois que nécessaire. Une fois que le matériel lui aura été présenté, il pourra se sentir libre de l'utiliser au moment où il en ressentira le besoin, autant de fois qu'il le voudra, installé là où il se sentira à l'aise (par terre, assis à une table...).

Quelques autres grands principes de cette méthode

- *Isolation des principes* : le matériel Montessori a été élaboré de manière scientifique. Il est sensoriel et fonctionne surtout selon ce principe qui veut que chaque difficulté soit travaillée l'une après l'autre, séparément, pour mieux appréhender chacune.

- *Autocorrection* : l'erreur n'est pas perçue comme une faute, mais comme une étape normale et nécessaire de la découverte. Le matériel doit permettre à l'enfant de s'autocorriger. L'enfant n'aura plus la pression de « faire plaisir à l'adulte en ayant juste », il pourra se corriger seul, apprendra et progressera pour sa propre satisfaction.

- *Leçon en 3 temps* : elle joue un rôle essentiel dans le développement du langage. Une fois qu'un concept aura été abordé lors d'une expérience concrète, la leçon en 3 temps permettra d'en retenir le vocabulaire associé, de nommer les perceptions, de les conceptualiser. On présentera ainsi à l'enfant des images (en général 3) que l'on va **nommer** lentement, en demandant à chaque fois à l'enfant de répéter. Puis dans un deuxième temps, toujours avec les mêmes images, on demandera à l'enfant de **montrer** (l'enfant accepte le mot en montrant qu'il le comprend). Enfin, dans un troisième temps, l'adulte va pointer une image en demandant : « Qu'est-ce que c'est ? » L'enfant s'appropriera ainsi le mot en le restituant et en l'utilisant à bon escient.

- *Cartes en 3 parties* : aussi appelées « cartes de nomenclatures », elles représentent un matériel spécifique de langage en pédagogie Montessori. Elles consistent en une série d'images sur un même sujet. Il y a d'abord une série de cartes renseignées (le nom est écrit en dessous), puis la même série de cartes non renseignées et enfin une série de billets de lecture. On peut s'en servir très tôt, bien avant que l'enfant ne sache lire, et sur tous les sujets que l'on souhaite aborder avec lui.

Attitudes à adopter en tant que parent

Maria Montessori qualifiait l'adulte de « trait d'union entre l'enfant et l'environnement ». Même à la maison, il est important de garder cette philosophie à l'esprit : la posture que nous allons adopter, en tant qu'adultes, va conditionner les rapports que l'enfant aura avec nous, mais aussi avec son environnement.

Ainsi, appliquer les principes de la pédagogie Montessori devient une vraie philosophie de vie :

- *le langage* : il sera important de veiller à utiliser un bon niveau de langage (la clé de la pensée et de l'intelligence), avec un vocabulaire varié et précis.
- *la confiance et la bienveillance* : ayez confiance en votre enfant et en vous ! Vous réveillerez la force de votre enfant si vous avez une totale foi en lui.
- *adopter une posture d'humilité* : l'adulte doit apprendre avant tout à observer l'enfant, garder le silence et rester en retrait. L'adulte est le guide, mais « le maître est l'enfant ».
- *la liberté* : laisser l'enfant bénéficier d'une grande autonomie et de liberté ne veut pas dire le laisser faire n'importe quoi. Bien sûr, pour que cette liberté ne se transforme pas en chaos, il sera nécessaire de poser un cadre bien défini par des règles que l'enfant n'aura pas de difficulté à respecter si elles sont fermes et stables.

L'objectif de cet ouvrage n'est pas de recréer une école Montessori à la maison, mais de s'inspirer de sa philosophie si riche et bienveillante afin d'aider les enfants à grandir en toute confiance. Vous retrouverez ici quelques matériels qui n'ont pas été créés par Maria Montessori et qui ne sont pas forcément dans les écoles, comme la table lumineuse, le géoplan… Mais ces activités nous ont semblé fidèles aux principes de la pédagogie et intéressantes à mettre en œuvre en famille.
Si votre enfant ne montre pas une attention particulière ou une aptitude pour une activité, pas d'inquiétude, chaque enfant a ses centres d'intérêts, son évolution et son propre rythme.

2

LES ACTIVITÉS MONTESSORI

Un salon Montessori

Dans le salon, pièce centrale de la vie à la maison, il est possible d'aménager simplement l'espace en s'inspirant de la pédagogie Montessori. Vous pouvez ainsi prévoir un endroit où l'enfant aura libre accès à ses activités et pourra les faire au moment où il en ressentira l'envie ou le besoin.

Des aménagements adaptés à l'enfant

Placez à proximité plusieurs petits tapis, suffisamment rigides, pour qu'ils puissent tenir droit une fois roulés, essayez d'en avoir plusieurs de tailles différentes, qui pourront correspondre à chaque activité.

Pour favoriser l'autonomie et l'envie de découverte, veillez à proposer du mobilier adapté à la taille de l'enfant (par exemple une petite table qui pourra être transformée en table lumineuse).

Laissez quelques étagères à la disposition de votre enfant, pour y installer notamment les pots à crayons. Dans la pédagogie Montessori, il est prévu 11 pots à crayons (chacun correspondant à une des couleurs suivantes : blanc, jaune, orange, rouge, rose, violet, bleu, vert, marron, gris, noir) qui permettent au jeune enfant de ranger chaque crayon dans le pot de la bonne couleur. Ces petits pots répondent au besoin d'ordre, de tri et de rangement de l'enfant, particulièrement des plus grands. Mais vous pouvez vous limiter à 5 ou 6 couleurs (par exemple : jaune, rouge, bleu, vert, marron et gris). L'avantage des crayons de couleur (par rapport aux feutres), c'est qu'ils permettent l'erreur, puisqu'ils sont facilement effaçables.

Un environnement calme

L'ambiance de la pièce est primordiale : dans une atmosphère calme et apaisante, l'enfant sera en meilleure condition pour les apprentissages. Privilégiez le bois, doux et sain, aux matières synthétiques. Veillez à ce que l'espace soit le plus ordonné possible. Évitez les écrans, ils détournent les enfants des interactions indispensables avec les autres ou les objets.

ACTIVITÉ

Construire une table lumineuse

MATÉRIEL NÉCESSAIRE :

- une petite table pour enfant premier prix à monter soi-même avec un plateau blanc
- une plaque de plexiglas aux dimensions du plateau de la table
- feuilles A3 de papier calque
- un lot de 4 baguettes LED autocollantes

COMMENT PROCÉDER :

ASTUCE PETIT BUDGET : vous pouvez réaliser votre table lumineuse sur une boîte de rangement en plastique à la place de la table.

1 Montez la table en suivant les instructions du fabricant. Remplacer le plateau par la plaque en plexiglas. Pour qu'elle s'insère plus facilement, vous pouvez réaliser de petites encoches à chaque angle avec une scie.

2 Couvrez le plexiglas avec les feuilles de calque en les maintenant ensemble avec du scotch. Le calque va servir à opacifier la plaque de plexiglas, pour rendre la lumière des LED plus diffuse.

3 Fixez les baguettes lumineuses avec des petites pointes, sous la plaque de plexiglas, pas trop près, sur les côtés intérieurs de la table. Cela permettra de maintenir aussi les câbles.

4 Fixez enfin le plateau initialement prévu pour le dessus de la table, en dessous, face blanche vers le haut, toujours avec des petites pointes. N'oubliez pas de percer au préalable une encoche face à la prise du bloc pour les LED, pour permettre de brancher l'alimentation (elle devient ainsi amovible et permet de retirer le câble d'alimentation lorsque la table n'est pas allumée).

Cette face blanche permet de mieux réfléchir la lumière qui est donc plus puissante et plus diffuse. Cela évite aussi de tenter les petits curieux d'aller bricoler les LED en dessous de la table, elle est donc parfaitement sûre.

5 Branchez votre table :
elle est prête pour les activités (voir p. 11, 15 et 29).

Reconnaître des empreintes

THÈME : zoologie
DIFFICULTÉ : facile
ÂGE : 6 ans
OBJECTIF : associer des cartes et observer

La zoologie et la botanique sont très importantes dans l'apprentissage des sciences en pédagogie Montessori. Au même titre que l'histoire ou la géographie, l'exploration des sciences va permettre à l'enfant de trouver des réponses à ses questionnements et nourrir son besoin d'apprendre.

Pourquoi faire cette activité ?

Si l'enfant a une bonne connaissance du monde dans lequel il vit, il pourra s'y sentir bien. Cela permet de développer sa confiance en lui. Beaucoup d'activités tournent autour de la nature dans cette pédagogie, notamment les **cartes de nomenclature** pour apprendre à l'enfant à identifier un animal grâce à ses empreintes, à son étiquette-nom ou à son habitat.

Ici, comme nous pouvons utiliser une table lumineuse, nous proposons une activité en lien avec ce support. Il s'agit d'associer chaque empreinte d'animal avec son image (ou sa photo) et avec son étiquette-nom. Cette activité pourra être proposée dès 3 ans avec un nombre restreint d'animaux. On augmentera la difficulté pour des enfants plus grands, avec des empreintes plus nombreuses et l'introduction des mots écrits.

Comment présenter l'activité à son enfant ?

Montrer à l'enfant les cartes associées ensemble : l'animal, ses empreintes et l'étiquette-nom. Puis une fois les cartes mélangées, demander à l'enfant de montrer des exemples d'association (photos-empreintes étiquettes-nom). Enfin, le laisser manipuler seul.

ACTIVITÉ

COMMENT PROCÉDER :

1 Photocopiez les étiquettes-noms des animaux, la série d'empreintes et les images d'animaux correspondants (voir p. 12-13). Vous pouvez photocopier les empreintes sur du papier transparent pour un effet optimal sur la table lumineuse et plastifier les cartes pour les conserver.

2 Collez une gommette de même couleur au dos de chaque carte concernant un animal (étiquettes-noms, cartes empreintes et images).

3 Demandez à l'enfant de découper les cartes et mélangez-les toutes.

4 Laissez l'enfant retrouver les correspondances.

POUR ALLER PLUS LOIN :

Vous pouvez aussi photocopier les empreintes en réduction pour favoriser l'attention visuelle et éventuellement permettre à l'enfant d'utiliser une loupe pour effectuer ses associations (mode explorateur garanti !).

L'idée est qu'une fois ces notions travaillées, l'enfant puisse ensuite partir explorer la nature et rechercher les empreintes qu'il connaît (et pourquoi pas en découvrir de nouvelles ?).

écureuil	lapin	renard
	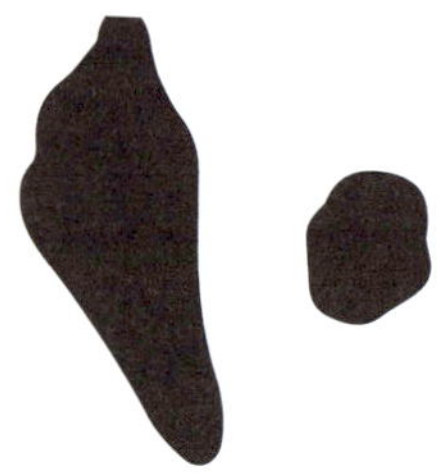	

grenouille	hérisson	loutre

loup	raton laveur	sanglier

tortue	chevreuil	ours

Le Lynx des mots

THÈME : lecture
DIFFICULTÉ : moyenne
ÂGE : dès 6 ans
OBJECTIF : reconnaître des mots et se familiariser avec la lecture

L'apprentissage de la lecture peut parfois s'avérer difficile. Et même si ce n'est pas le cas, présenter à l'enfant des activités ludiques lui permettra de s'entraîner et de progresser.

Un jeu pour se familiariser avec la lecture

Dans les activités utilisant l'alphabet mobile (voir p. 22), l'enfant exerce des mécanismes d'**associations phonème-graphème** (c'est la voie audio-verbale, c'est-à-dire qu'on transforme un son en signes, en lettres).
Cette étape est primordiale pour bien apprendre à lire. Lorsque l'enfant progresse, il utilise de plus en plus les mots qu'il a enregistrés dans son « propre dictionnaire » (c'est la procédure dite d'adressage « voie lexico-sémantique », qui fait appel à son lexique interne) : il reconnaît les mots qu'il a déjà lus et peut les lire plus rapidement. Cette voie autorise la lecture de mots irréguliers par exemple, ou des homophones en conservant l'accès au sens. L'activité qui va suivre va stimuler cette voie d'adressage et est donc destinée à des enfants déjà lecteurs.

Comment présenter l'activité à son enfant ?

Cette activité s'inspire du jeu de société « Le lynx » qui consiste à retrouver une image que l'on vient de piocher sur un plateau où sont représentées pêle-mêle de nombreuses images. C'est le même principe, mais avec des mots.
Faire cette activité sur la table lumineuse pourra la rendre encore plus ludique : elle permet de créer des situations d'apprentissage en accentuant les contrastes et privilégie la découverte sensorielle. Un excellent support de découvertes et d'expérimentation ! De quoi donner l'envie et le plaisir de lire à des enfants qui n'en ont pas trop le goût.

ACTIVITÉ

MATÉRIEL NÉCESSAIRE :

- papier cartonné (format A4 minimum)
- feuilles transparentes (ou blanches si vous n'utilisez pas la table lumineuse)
- liste de mots : une trentaine, adaptée au niveau de lecture de l'enfant (voir listes proposées p. 16)

COMMENT PROCÉDER :

1 Construisez le plateau. Selon le niveau de l'enfant en lecture, réalisez un plateau qui sera suffisamment grand pour que les mots soient écrits bien gros (vous pouvez photocopier le modèle p. 17 en l'agrandissant).

2 Écrivez les mots sur les feuilles que vous collerez sur le plateau de jeu. Puis écrivez chacun des mots de la liste que vous avez établie sur une carte (un mot par carte).

Vous pouvez choisir le degré de difficulté du jeu :

- écrire chaque mot dans la même couleur sur le plateau et sur la carte ou bien dans une couleur différente ;
- varier les couleurs, les styles d'écriture et d'orientation sur le plateau, mais en veillant à avoir la correspondance avec les cartes ;
- enfin faire en sorte qu'il n'y ait plus de correspondance (couleur, style d'écriture ou orientation) entre les mots figurant sur le plateau et sur les cartes.

COMMENT JOUER :

- On peut jouer à plusieurs : un premier joueur pioche une carte, la lit et le premier qui retrouve le mot sur le plateau gagne la carte.
- L'enfant peut jouer seul : dans ce cas, il pioche une carte, dès qu'il a trouvé le mot, il en pioche une autre... le but étant d'en trouver le plus possible dans un temps donné (utiliser un sablier ou un minuteur).

Exemples de listes de mots

Mots invariables à connaître dès la fin du CE1

plusieurs	parmi	pendant	avant-hier	soudain	ensemble
d'accord	vers	pourquoi	bientôt	souvent	mieux
peut-être	durant	dedans	d'abord	tout à coup	sinon
donc	pendant	dehors	déjà	assez	brusquement
pourtant	depuis	loin	demain	aussi	exactement
autour	afin	partout	hier	autant	doucement
derrière	malgré	aussitôt	enfin	beaucoup	facilement
dessous	sauf	autrefois	longtemps	davantage	heureusement
dessus	lorsque	ailleurs	maintenant	presque	lentement
devant	parce que	aujourd'hui	quelquefois	debout	sagement
seulement	tranquillement				

Mots avec le son « ou » :

poule, fourmi, four, boule, couche, touche, souple, route, souris, hibou, soupe, foule, roue…

Mots en "ILL"

fauteuil	béquille	travailleur
feuilleton	bouteille	volaille
fiançailles	brouillard	muraille
famille	corneille	merveille
éventail	corbeille	chenille
grenouille	canaille	médaille
feuille	fouille	citrouille
grillon	pupille	oseille
abeille	rocaille	nouille
bouilloire	tailleur	cheville
billet	tilleul	
bataille	patrouille	

Mots adjectifs fréquents

tout	beau	vrai	général	public
grand	vieux	toute	français	pareil
petit	noir	bas	froid	bleu
même	nouveau	gros	sombre	fort
autre	dernier	doux	sûr	entier
seul	blanc	heureux	ancien	simple
jeune	cher	haut	propre	nécessaire
premier	long	profond	politique	mauvais
bon	pauvre	rouge	possible	social
quel	plein	humain	immense	important
certain	joli	différent	terrible	fou
léger				

Plateau de jeu

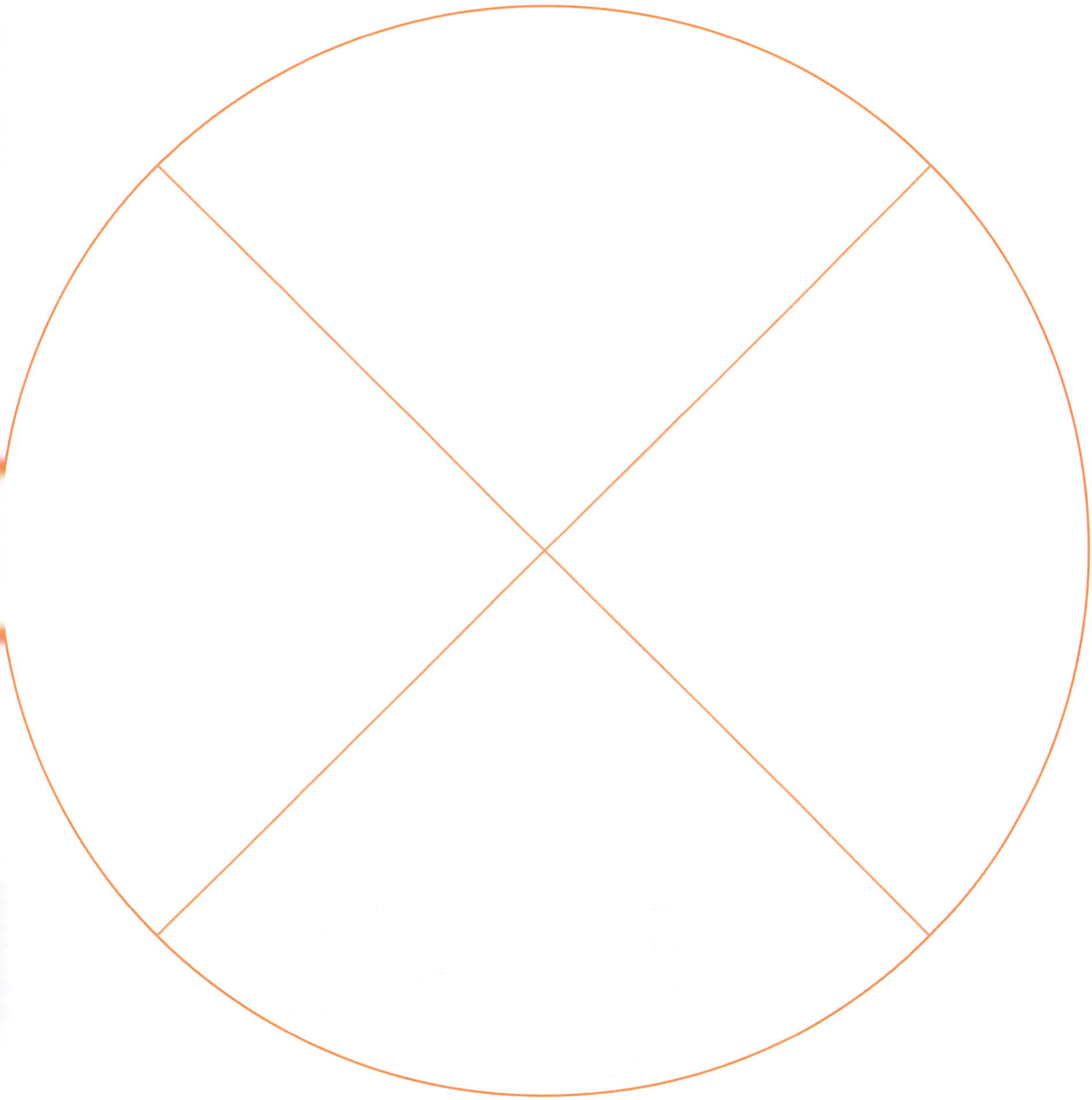

« Moi dans le monde »

THÈME : géographie
DIFFICULTÉ : moyenne
ÂGE : dès 6 ans
OBJECTIF : se situer dans l'espace

Maria Montessori qualifie l'enfant à partir de 6 ans d'« explorateur culturel ». Il ressent le besoin d'agrandir son champ d'action et de découverte. Il va ainsi s'ouvrir au monde.

Comment appréhender le monde qui l'entoure ?

Travailler la géographie permet d'aider son enfant à se situer et à s'orienter. L'étude du monde peut s'avérer aussi abstraite que passionnante et il est important, pour accompagner son enfant, de commencer par **structurer l'espace**.
Ainsi, les premières activités proposées au jeune enfant, à partir de 3 ans, seront par exemple : le globe rugueux, la carte puzzle du monde, un travail sur les continents... Pour les plus grands, l'activité « Moi dans le monde » permet d'aborder la **notion d'échelle** pour ensuite travailler plus en profondeur chaque « échelon » : le Système Solaire, les différents continents... L'enfant va pouvoir mieux se situer dans son propre espace.

Dans ce but, nous allons fabriquer avec lui différents cercles qui se superposeront. En partant de son plus petit point de repère, sa maison, pour élargir ensuite sa vision jusqu'à arriver dans l'espace !

Comment présenter l'activité à son enfant ?

Cette activité est un peu différente dans le processus de présentation. En effet, l'enfant participe à la construction même de l'activité.
Une fois cette première étape passée, on expliquera à l'enfant chaque disque en partant du plus petit au plus grand, avant de les assembler. Puis on le laissera faire seul.

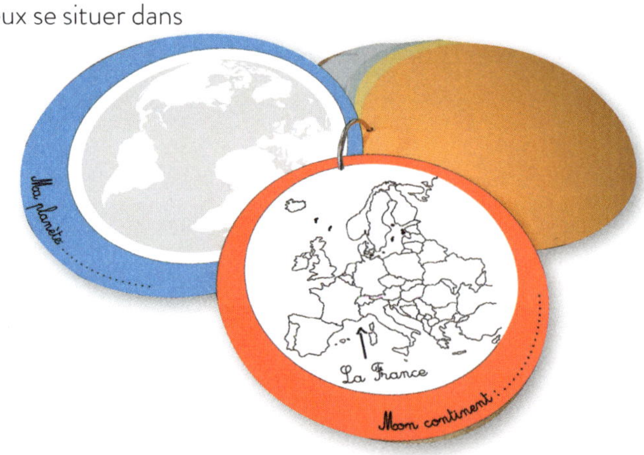

ACTIVITÉ

MATÉRIEL NÉCESSAIRE :

- feuilles cartonnées de différentes couleurs
- 8 objets de forme ronde et de tailles différentes pour servir de gabarits : bols, tasses, verres, assiettes...
- feuilles blanches pour imprimer ou dessiner chaque « échelon »
- une attache parisienne

COMMENT PROCÉDER :

1 Proposez à votre enfant de tracer le contour des différents objets sur des feuilles cartonnées et de les découper pour obtenir 8 cercles de tailles différentes.

2 Faites de même avec les feuilles blanches en utilisant pour chaque grand cercle coloré, un diamètre plus petit pour le cercle blanc. Collez un cercle blanc sur le coloré.

3 Notez en bas des disques (du plus grand au plus petit) :
- *Ma planète* : la Terre
- *Mon continent* : l'Europe
- *Mon pays* : la France
- *Ma région* : l'enfant écrit le nom de sa région.
- *Mon département* : l'enfant écrit le nom de son département et on peut lui demander s'il en connaît le numéro.
- *Ma ville* : l'enfant écrit le nom de sa commune dans le panneau rouge et blanc. Lui demander s'il connaît son code postal.
- *Ma rue* : l'enfant écrit le nom de sa rue dans le panneau bleu.
- *Moi dans ma maison* : l'enfant se dessine dans sa maison. Il peut aussi, s'il le souhaite, dessiner sa famille.

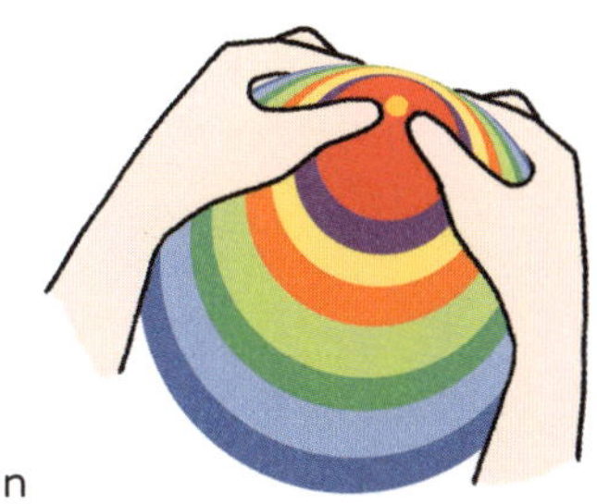

4 Avec l'attache parisienne, rassemblez tous les cercles en mettant le plus grand tout en dessous, et ainsi de suite, jusqu'à avoir le plus petit au-dessus.

Moi dans le monde

Moi dans ma maison

Ma ville :

Ma rue :

Mon département :

Ma région :

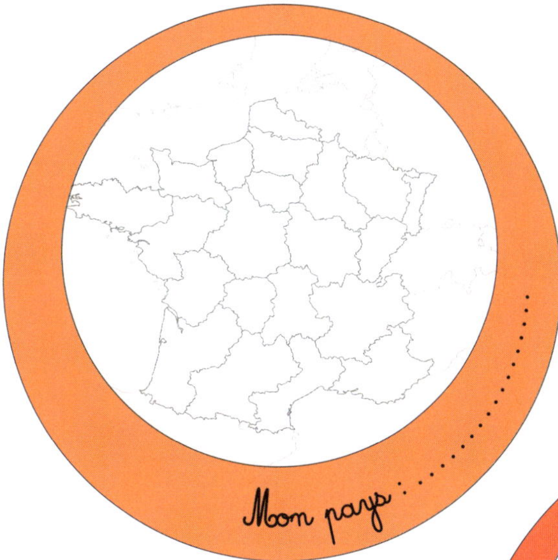
Mon pays :

Mon continent :

Ma planète :

Faire son alphabet mobile

Voici une activité incontournable dans les apprentissages de Maria Montessori. Elle est un peu longue à préparer, mais les enfants l'apprécient !

Une première approche de l'écriture

Dans la pédagogie Montessori, l'alphabet mobile est introduit vers 4 ans, après avoir découvert les lettres rugueuses. Ce matériel va permettre à l'enfant d'entrer dans le **mécanisme mental de l'écriture**, en analysant les sons. Cette activité s'adresse à des enfants plus âgés, qui connaissent déjà les lettres. Elle pourra aussi être proposée à des enfants plus grands qui ne sont pas en école Montessori ayant du mal à entrer dans la lecture et l'écriture. En effet, pour écrire avec l'alphabet mobile, l'enfant n'a qu'à se concentrer sur l'analyse des sons, il est déchargé de l'effort que représente le geste graphique.

LES LETTRES RUGUEUSES

Avant d'utiliser l'alphabet mobile qui va lier les sons entre eux pour former des mots, l'enfant doit d'abord s'être familiarisé avec chaque son de manière isolée. Pour cela, la pédagogie Montessori met à disposition des lettres rugueuses. Les petites plaquettes de bois, sur lesquelles sont collées les lettres en papier rugueux, vont permettre d'apprendre chaque lettre de manière pluri-sensorielle : la vue, le toucher et l'ouïe sont sollicités car on prononce le son de chaque lettre après avoir passé le doigt dessus. L'enfant mémorise mieux les lettres ainsi que leur tracé, ce qui le prépare à la fois à la lecture et à l'écriture.

ACTIVITÉ

MATÉRIEL NÉCESSAIRE :

- feuilles
- boîte pour ranger les lettres (une boîte à chaussures fera l'affaire)
- tapis

COMMENT PROCÉDER :

1 Réalisez l'alphabet mobile :

- Photocopiez en 8 exemplaires toutes les lettres (sauf k, w, x pour lesquelles 2 exemplaires suffisent) à partir de la double page suivante (il est aussi possible de les décalquer).
- Découpez-les puis rangez-les dans la boîte.

2 Vérifiez que l'enfant connaît bien toutes les lettres : placez la boîte sur le tapis et regardez ensemble l'alphabet. Veillez à ce qu'il prononce bien chaque son (attention pas le nom des lettres, leur son !).

Si vous avez utilisé les lettres rugueuses avec votre enfant, proposez-lui d'associer chaque lettre rugueuse avec la lettre de l'alphabet mobile qui lui correspond.

3 Installez-vous avec votre enfant et expliquez-lui à quoi sert l'écriture : communiquer un message à quelqu'un. Vous allez donc lui demander de vous écrire un message avec l'alphabet mobile, quelque chose qu'il voudrait dire. Veillez à laisser l'enfant produire avec l'alphabet mobile les sons qu'il entend dans le message qu'il souhaite écrire. Dans cette première étape, l'objectif est que vous parveniez à deviner quel est le message de l'enfant : peu importe les erreurs d'orthographe, quelle joie et quelle fierté pour l'enfant de parvenir à communiquer par écrit !

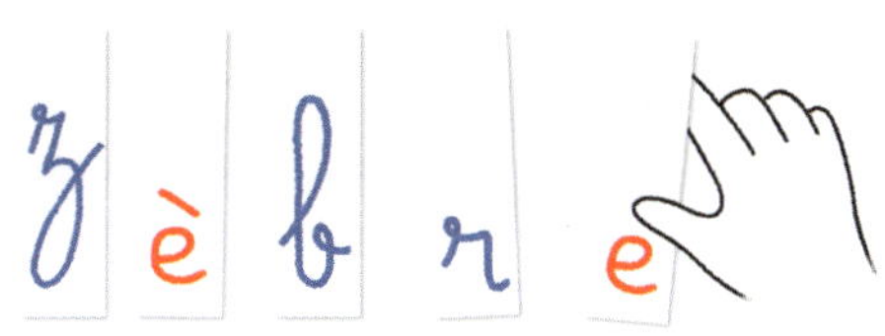

a b c d e

f g h i j

k l m n o

p q r s t

u v w x

y z é è ê

Écrire avec l'alphabet mobile

THÈME : langage écrit
DIFFICULTÉ : moyenne
ÂGE : dès 5 ans
OBJECTIF : manipuler les sons

Dans la pédagogie Montessori, on ne passe pas par la syllabe, mais directement du son au mot. L'enfant va d'abord écrire de manière phonétique, l'orthographe sera introduite plus tard.

Les séries de mots

Cette pédagogie utilise des « dictées muettes » qui suivent une progression très rigoureuse indiquée par des couleurs. Ce sont des images qui représentent les mots que l'enfant doit écrire, toujours avec une autocorrection, c'est-à-dire le mot écrit au dos. La première dictée (avec des mots de la série rose) ne comprend que des mots phonétiques et courts. Les séries se complexifient progressivement pour permettre à l'enfant de bien lire (série bleue, puis série verte).

ACTIVITÉ

1 Demandez à l'enfant d'écrire son prénom. Prononcez-le en isolant bien chaque son pour l'aider à identifier quelles lettres il doit choisir dans son alphabet mobile.

2 Dites-lui de découper les cartes ci-contre.

3 Puis demandez-lui de lire à haute voix ce que représente chaque image.

Attention, respectez l'ordre d'abord des mots simples, puis des mots de plus en plus compliqués (groupes consonantiques ainsi que des sons complexes).

LE SON DES MOTS

L'intérêt de cette activité est bien l'analyse des sons du mot prononcé (son par son). Pour aider l'enfant, on peut répéter les mots lentement en distinguant chaque son, sans les séparer. C'est une formation au processus intellectuel d'analyse des mots, qui sera indispensable pour acquérir une bonne orthographe.

or	dé	fil	bol
bus	mur	sac	lac
clé	arc	boa	épi
vélo	moto	judo	lama
slip	cuir	lavabo	tomate
salade	crocodile	cravate	tapis
rivière	niche	cheval	tigre

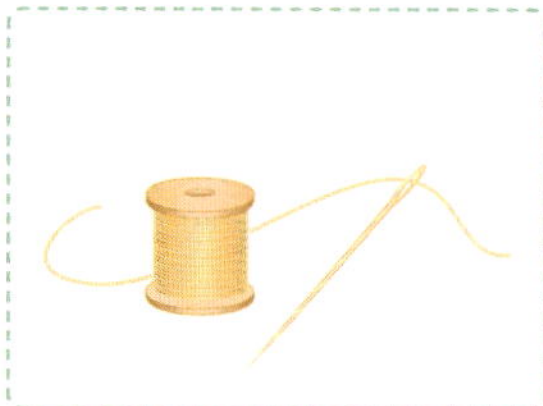

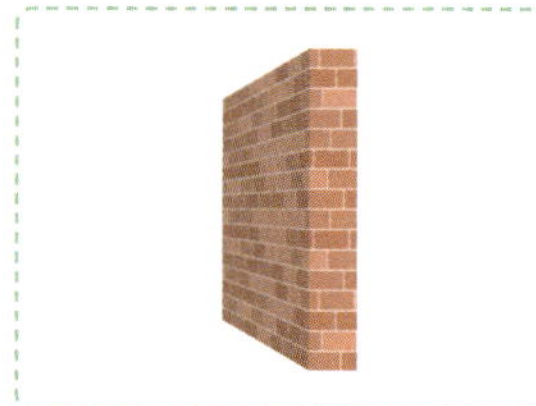

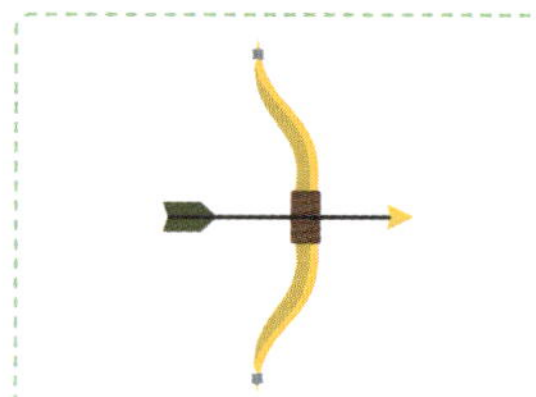

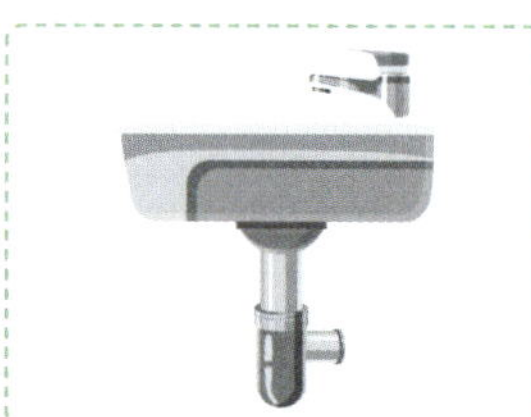

Observer les constellations

Comprendre sa place dans le monde, dans l'univers, permettra progressivement à l'enfant de définir celle qu'il souhaite y occuper plus tard.

THÈME : astronomie

DIFFICULTÉ : moyenne

ÂGE : dès 6 ans

OBJECTIF : se repérer dans l'espace

Pourquoi étudier les constellations ?

Maria Montessori estimait qu'il était crucial que les enfants prennent conscience au plus tôt de leur position dans l'évolution de la Terre, de la vie, et de l'histoire de l'Homme, pour se construire plus tard en tant qu'adulte. Elle accordait donc une part importante à l'« éducation cosmique ». Ainsi, dans un objectif d'ouverture sur le monde et d'enrichissement de sa culture, l'étude des constellations permettra à l'enfant, à partir de 6 ans, de répondre à son besoin d'utiliser son imagination pour comprendre le réel et d'**explorer le monde dans toutes ses dimensions**.

Cette activité favorisera non seulement son repérage dans l'espace, mais aussi la découverte des points cardinaux.

Elle mobilisera également son attention, sa concentration et aidera à se repérer.

Comment présenter l'activité à l'enfant ?

- Rassemblez les cartes de nomenclatures des différentes constellations et éventuellement la carte du ciel qui permet de les situer les unes par rapport aux autres.
- Préparez également les cartes « constellations » sombres qui, une fois posées sur la table lumineuse, feront s'illuminer les étoiles.
- Installez-vous devant la table lumineuse, à côté de l'enfant et dites-lui que vous allez découvrir quelques étoiles qui forment les constellations que l'on peut observer dans le ciel.

ACTIVITÉ

MATÉRIEL NÉCESSAIRE :

- cartes de nomenclature des constellations (voir p. 31)
- un poinçon (ou une pointe) pour faire un trou à l'emplacement de chaque étoile des cartes des constellations sur fond sombre (voir p. 32)
- la table lumineuse

COMMENT PROCÉDER :

1 Commencez par découvrir chaque constellation grâce aux cartes de nomenclature en expliquant le nom, la localisation (boréale, australe, équatoriale), ainsi que les repères de la constellation.

Cassiopée

Cassiopée trône au centre de la Voie lactée. On la reconnaît par sa forme remarquable, un W, qui fait d'elle l'une des constellations les plus connues.

Grande Ourse

C'est une constellation qui s'étend sur une grande partie du ciel. Avec son groupe principal de sept étoiles, elle forme le fameux chariot.

Pégase

Située tout près de la constellation des Poissons, Pégase est facile à reconnaître dans le ciel : sa région centrale représente un carré presque parfait.

Orion

Orion domine le ciel boréal pendant l'hiver. Ses nombreuses étoiles sont disposées de façon immédiatement reconnaissable et font d'elle l'une des plus belles constellations du ciel.

Petite Ourse

Facilement repérable depuis la Grande Ourse, elle contient plusieurs étoiles doubles. Son étoile principale est l'étoile Polaire.

Andromède

Deux fois plus grande que la Voie lactée, Andromède en est la galaxie la plus proche. Très facile à voir, elle n'a pas de forme déterminée : ses quatre étoiles principales tracent une ligne brisée dans le ciel.

2 Placez les cartes sombres poinçonnées sur la table lumineuse. Proposez à votre enfant de les regrouper par paires.

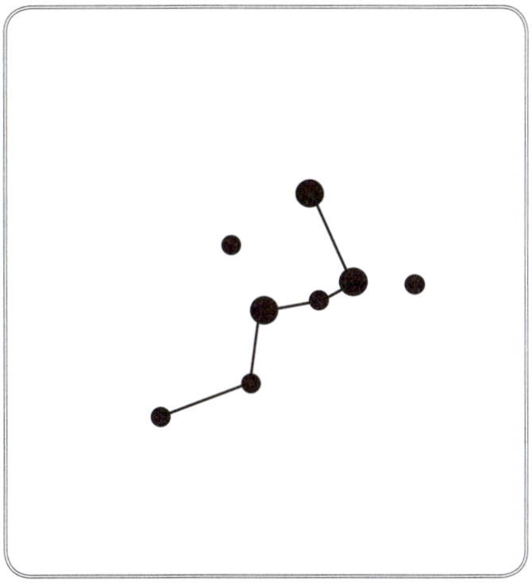

Cassiopée

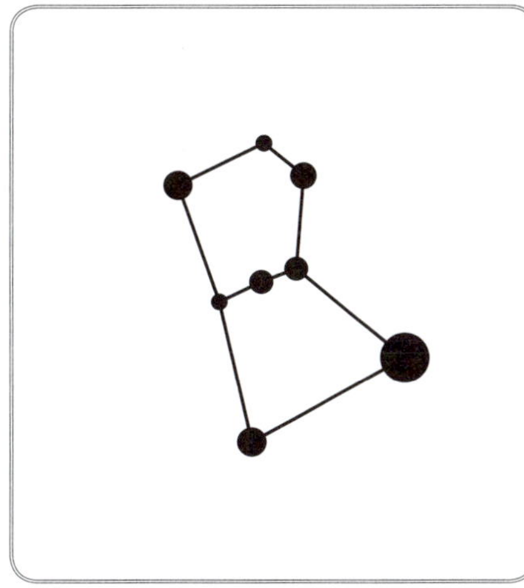

Orion

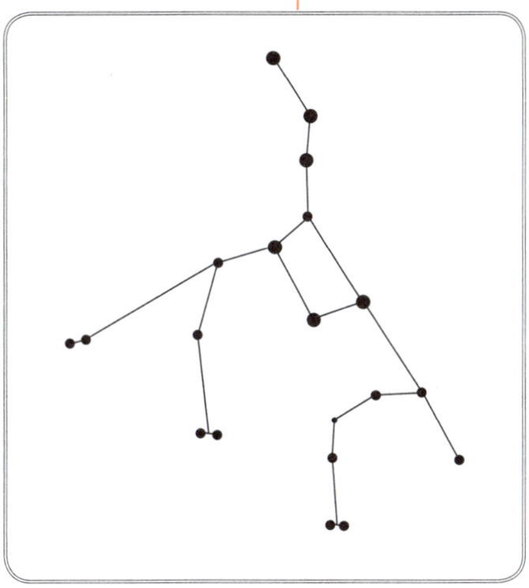

Grande Ourse

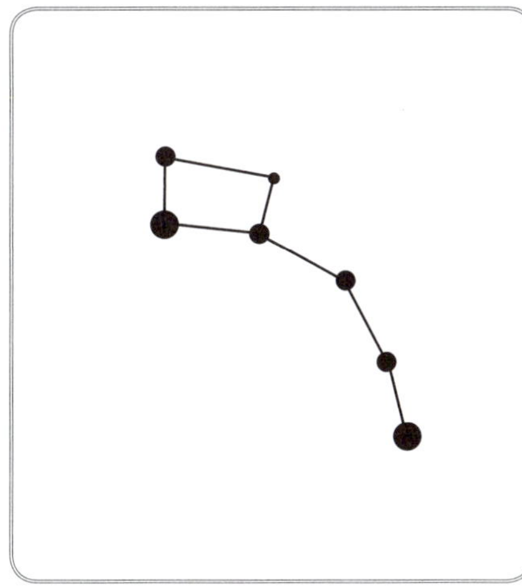

Petite Ourse

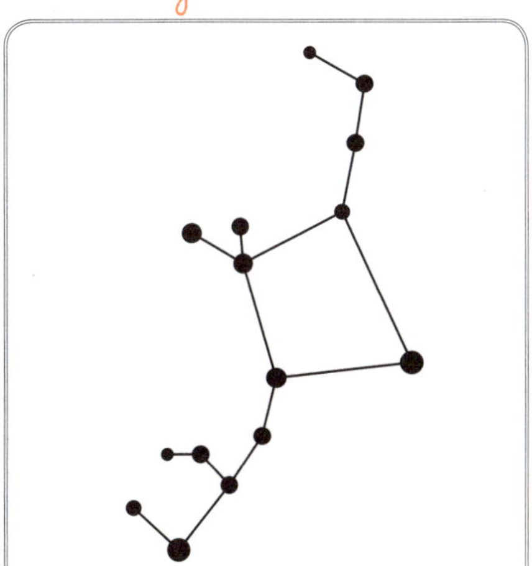

Pégase

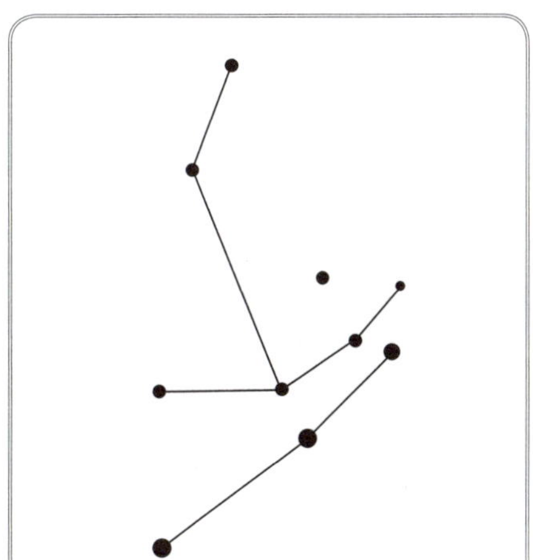

Andromède

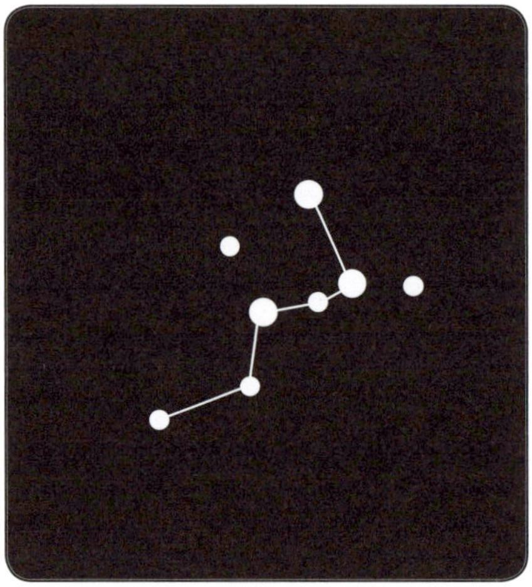

Cassiopée

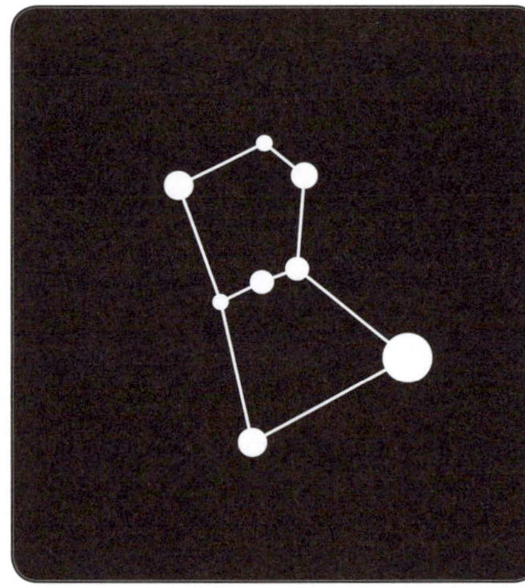

Orion

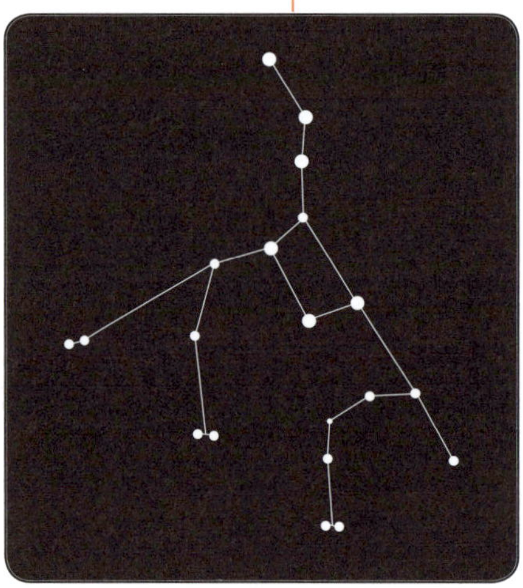

Grande Ourse

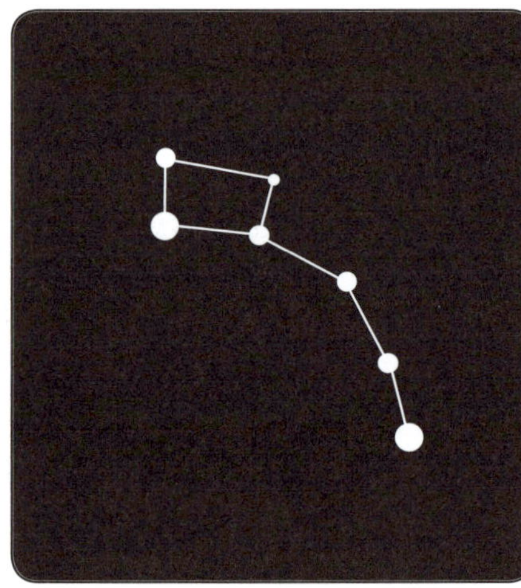

Petite Ourse

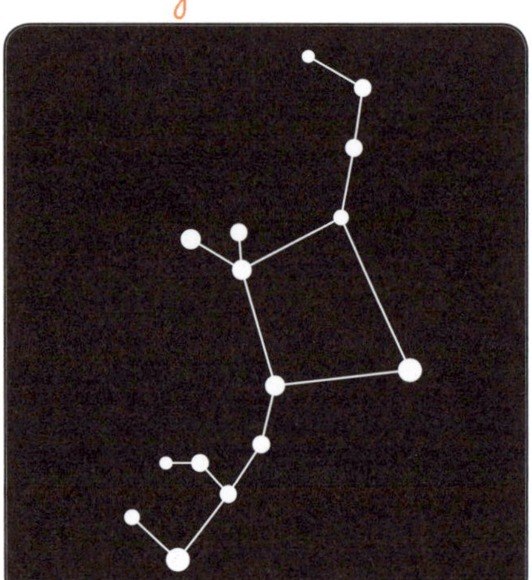

Pégase

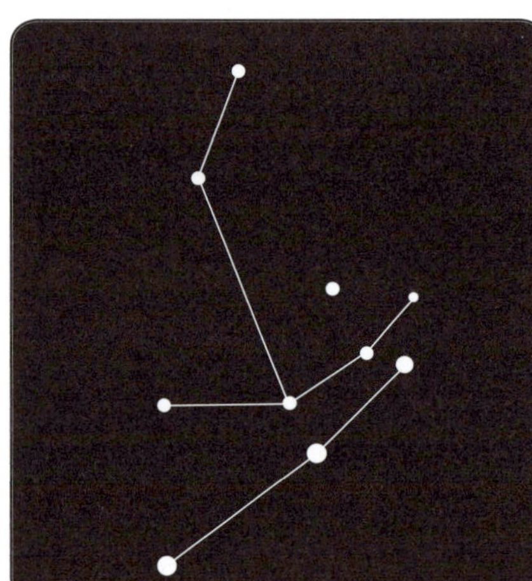

Andromède

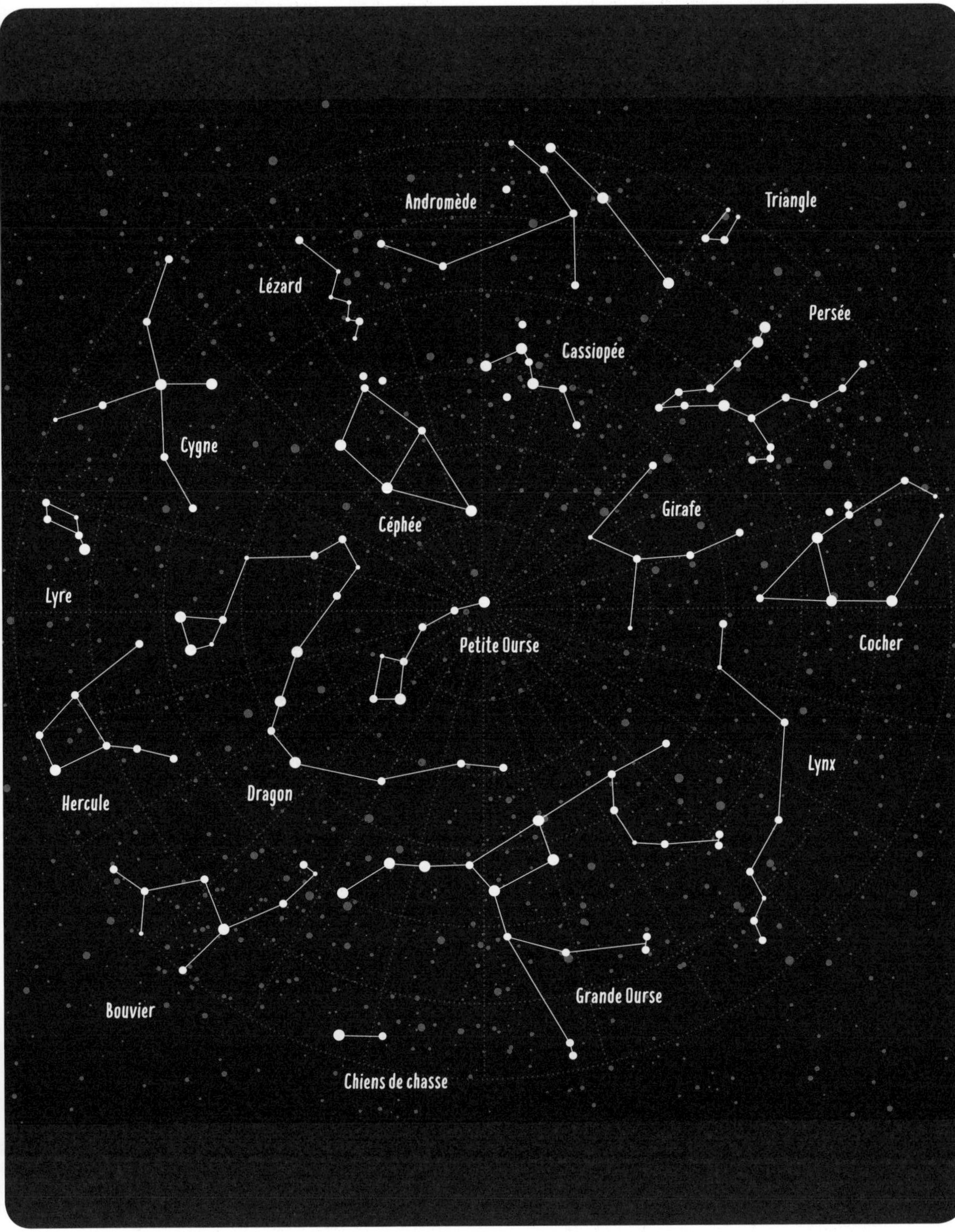
Andromède
Triangle
Lézard
Persée
Cassiopée
Cygne
Céphée
Girafe
Lyre
Cocher
Petite Ourse
Lynx
Hercule
Dragon
Bouvier
Grande Ourse
Chiens de chasse

Une cuisine Montessori

Que l'enfant soit dans sa période d'esprit « absorbant » (3-6 ans) ou « comprenant » (6-12 ans), il apprendra avec enthousiasme des expériences tirées de sa vie quotidienne. La cuisine est idéale pour mettre en place des activités de « vie pratique ».

En pratique

Aménagez une partie accessible dans un placard pour permettre à l'enfant d'être autonome. Il y retrouvera tous les ustensiles nécessaires pour aider à la préparation des repas ou pour faire ses expériences.

Prévoyez des ustensiles adaptés à la taille de ses mains ; plutôt en bois, en verre ou en porcelaine (le fait que certains objets sont fragiles encouragera l'enfant à en prendre soin).

Pensez au marchepied, c'est un accessoire indispensable à la cuisine ! Il permet à l'enfant d'accéder à ce qui n'est pas dans son placard ainsi qu'à l'évier en toute autonomie (pour les enfants plus petits, une tour d'apprentissage, plus stable, est mieux adaptée).

Mettez-lui aussi à disposition un petit balai, une pelle, une brosse, une éponge...

La cuisine, un lieu de vie...
... et de découverte

Proposer à son enfant de participer à la préparation des repas (épluchage et découpe des légumes, préparation d'une simple vinaigrette ou d'un petit plat facile) va transformer ce qui est souvent considéré comme une corvée en source de connaissance et de plaisir !

Par ailleurs, les activités réalisées en cuisine permettent :

- d'exercer ses mains ainsi que sa motricité fine,
- d'affiner ses sens,
- de développer son vocabulaire,
- de construire sa pensée mathématique et sa logique grâce à la manipulation,
- de favoriser son autonomie,
- de sensibiliser son enfant à la protection de l'environnement en évitant le gaspillage.

Comment les aider à participer à l'organisation ?

- Établissez ensemble les menus de la semaine. Photocopiez le document ci-après et demandez à votre enfant de le personnaliser. (Votre enfant peut les écrire lui-même sur une feuille s'il préfère.)
- Mettez en place une liste de courses participative : quand l'enfant a terminé une boîte de gâteaux ou son dentifrice, invitez-le à le noter sur la liste.
- Notez les numéros importants : des personnes à contacter (famille), mais aussi le médecin, les urgences sur une affiche et placez-la bien en évidence. Là encore, votre enfant peut illustrer cette affiche. Sensibilisez-le aux numéros d'urgence, mais il est important aussi de lui faire apprendre vos numéros de téléphone pour favoriser son autonomie.

Liste des courses

....	....
....	....
....	....
....	....
....	....
....	....
....	....
....	....
....	....
....	....
....	....
....	....
....	....

Menus de la semaine

lundi	mardi	mercredi	jeudi	vendredi	samedi	dimanche
Déjeuner	Déjeuner	Déjeuner	Déjeuner	Déjeuner	Déjeuner	Déjeuner
Dîner	Dîner	Dîner	Dîner	Dîner	Dîner	Dîner

Si j'ai un problème, JE DOIS APPELER

- Maman

.... (portable)

.... (travail)

- Papa

.... (portable)

.... (travail)

- ....

....

....

- ....

....

....

- ....

....

....

- ....

....

....

- Les pompiers **18** ou **112** – je leur dis :

- mon nom :
- mon adresse :
- mon numéro de téléphone :

Faire un tableau des tâches

« Aide-moi à faire seul » : s'il y a bien une chose à retenir dans la pédagogie Montessori, c'est cela !

THÈME : organisation de la vie quotidienne
DIFFICULTÉ : facile
ÂGE : dès 5 ans
OBJECTIF : favoriser l'autonomie

À quoi sert un tableau des tâches ?

Pour que l'enfant grandisse avec assurance et devienne autonome, il est important de le responsabiliser. Prévoir une liste de tâches accessibles à faire à la maison et réaliser un tableau de motivation pour lui permettre de les effectuer de manière routinière lui fera acquérir en premier lieu de l'autonomie. Les **enfants aiment la routine**, elle est nécessaire pour eux, pour leur ordre intérieur.

Un bon nombre d'activités de vie pratique consiste à prendre soin de son environnement pour s'y sentir bien. L'enfant va s'attacher à prendre soin de son lieu de vie, le garder propre et ordonné, tout comme ses affaires. L'objectif est de permettre à l'enfant d'apprendre à gérer son temps et son espace, ce qui fait travailler la coordination motrice, l'ordre et la concentration. Et, grâce à la répétition, l'enfant va développer la volonté d'aller au bout de sa tâche, ce qui favorise l'estime de soi.

Comment présenter l'activité à l'enfant ?

- Préparez le matériel et installez-vous à côté de votre enfant.
- Énoncez l'objectif de l'activité : préparer ensemble un tableau des tâches pour l'aider à participer à la vie familiale.
- Déterminez avec lui la liste des tâches qu'il doit accomplir chaque jour et celles qu'il doit faire une fois par semaine (voir les exemples sur la double page suivante). Il va choisir ce qu'il se sent capable de faire seul de manière autonome (vérifiez malgré tout que les objectifs soient réalisables pour que l'enfant puisse être fier de les avoir atteints).

ACTIVITÉ

MATÉRIEL NÉCESSAIRE :

- carton épais pour fabriquer le tableau (format A3)
- 2 pots (boîtes de conserve, rouleaux de papier toilette...)

COMMENT PROCÉDER :

Pour les tâches hedomadaires, faites des étiquettes différentes (plus longues par exemple), que l'enfant pourra repérer facilement.

1 Photocopiez puis découpez (et éventuellement plastifiez) chaque tâche en bandelettes.

2 Découpez le carton pour en faire un tableau. Demandez à l'enfant de le décorer et de le personnaliser (par exemple : « *Le tableau des tâches de Nino* »).

3 Donnez à l'enfant les boîtes à personnaliser, l'une avec la mention « *à faire* » et l'autre avec « *mission accomplie* ».

4 Collez les boîtes sur le tableau et placez-le dans un endroit accessible à l'enfant.

5 Chaque matin (ou en début de semaine pour les tâches à faire 1 fois par semaine), placez toutes les tâches dans la boîte « *à faire* ». Au fur et à mesure que l'enfant accomplit ses corvées, il transférera les étiquettes dans la seconde boîte.

ENTRE 3 ET 5 ANS

- Ranger ses jouets
- Mettre ses vêtements sales dans le panier à linge
- Mettre sa vaisselle sale près de l'évier
- Mesurer les ingrédients secs d'une recette, verser dans un bol et mélanger
- Aider à mettre la table en plaçant les couverts et les serviettes de table
- Passer le balai sous la table après le repas
- Arroser et prendre soin des plantes, sous la supervision d'un adulte

VERS 6 ANS

- Nettoyer la table à l'éponge après le repas
- Mettre son assiette et son verre sales dans le lave-vaisselle
- Aider à faire les courses
- Préparer un plat selon une recette

Les tâches selon les âges

Il est important que votre enfant effectue des tâches à sa portée, selon son âge, ses aptitudes et parfois sa motivation !

Pour des enfants qui ne savent pas lire, on peut faire une photo de l'enfant en train de réaliser chaque tâche et les placer dans le pot à la place des étiquettes.

ENTRE 7 À 9 ANS

- Préparer sa boîte à goûter
- Desservir et nettoyer la table
- Ranger sa chambre et faire son lit
- Balayer
- Faire la vaisselle
- Remplir et vider le lave-vaisselle
- Plier et ranger les vêtements propres
- Aider à la préparation des repas
- Préparer ses vêtements et son sac d'école pour le lendemain

Faire un tawashi

Cette activité « zéro déchet » permet de sensibiliser les enfants à la sauvegarde de la planète et de les guider sur le rôle qu'ils souhaitent avoir sur la Terre, sur leurs droits et leurs devoirs.

THÈME : écologie
DIFFICULTÉ : difficile
ÂGE : dès 6 ans
OBJECTIF : sensibiliser à l'écologie tout en développant la motricité fine

Le tawashi, qu'est-ce que c'est ?

C'est une sorte de petit gant (crocheté, tricoté ou tissé) qui sert d'alternative écologique aux éponges traditionnelles. En fabriquer un tissé offre plusieurs avantages : d'une part, cela permet d'**aborder l'écologie et le « zéro déchet »** avec les enfants, d'autre part, la fabrication du tawashi et de son métier exercera la motricité fine et la concentration.

En pédagogie Montessori, on retrouve l'activité de tissage chez les plus petits, mais il s'agit ici d'une activité à partir de 6 ans.

Comment présenter l'activité à l'enfant ?

- Rassemblez le matériel et placez-vous à côté.
- Énoncez l'objectif de l'activité : fabriquer une éponge écologique à partir de tissus récupérés sur d'anciens vêtements.

ACTIVITÉ

MATÉRIEL NÉCESSAIRE :

- planche de bois (au minimum 15 cm de côté)
- 20 grands clous (4-5 cm) avec tête large
- équerre
- marteau
- ciseaux
- collants épais ou chaussettes

Pas de collants ou de chaussettes ? Utilisez un vieux tee-shirt ou un autre vêtement en jersey !

COMMENT PROCÉDER :

Construction du métier à tisser

1 Tracez sur la planche avec l'équerre un carré de 14 cm de côté. Placez une marque à 3 cm d'un angle puis 4 autres tous les 2 cm (voir dessin **1**). Faites la même chose sur les 3 autres côtés.

2 Demandez à l'enfant de planter un clou sur chaque marque avec prudence, sans trop l'enfoncer. N'hésitez pas à lui montrer comment procéder.

Réalisation du tawashi

1 Découpez les chaussettes en anneaux de 5 cm de large à peu près (5 cm pour les manches d'un tee-shirt ou 10 cm pour les collants).

2 Commencez le tissage (vous pouvez montrer d'abord chaque étape en détaillant les gestes), puis laissez faire votre enfant pour qu'il réalise seul son propre tawashi.

- Enfilez les anneaux sur les clous de manière horizontale (voir dessin **1**).
- Tissez les anneaux verticalement en passant le tissu alternativement au-dessus et en dessous du tissu en place (voir dessin **2**).

3 Une fois le tissage fini, rabattez les mailles en passant un anneau dans l'anneau suivant et ainsi de suite (dessins **3** et **4**). La dernière maille servira d'accroche pour le tawashi (dessin **5**).

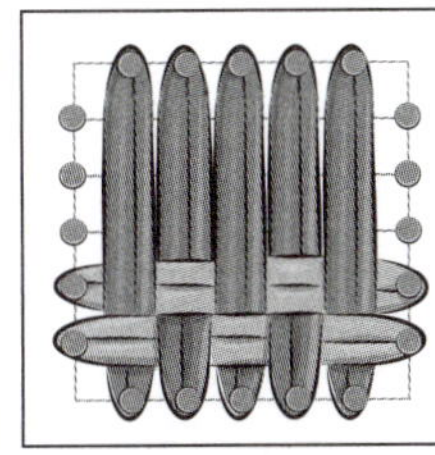
1

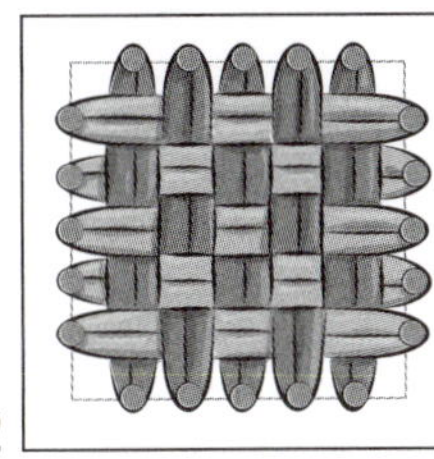
2

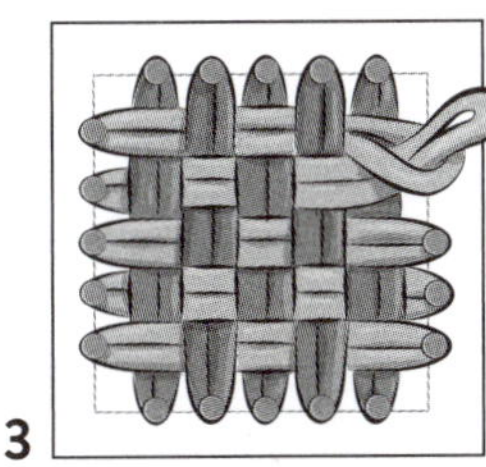
3

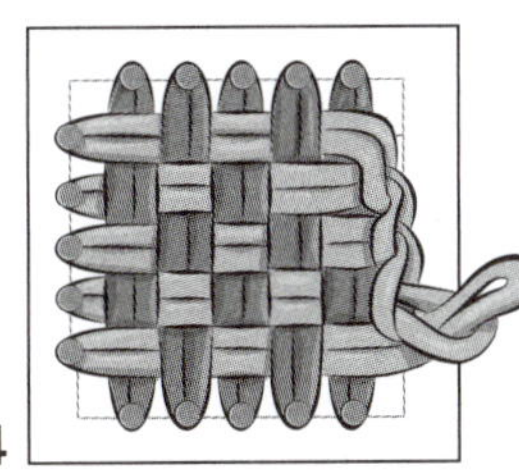
4

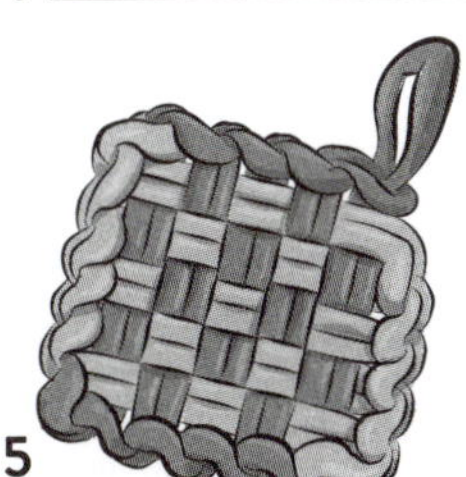
5

Cette activité est issue du blog de Lilacam : fabriquéenutopie.fr

Découvrir la notion de densité

Dans la période 6-12 ans, les enfants « explorateurs » développent de vraies dispositions intellectuelles, une soif d'apprendre et surtout de comprendre.

THÈME : sciences

DIFFICULTÉ : moyenne

ÂGE : dès 6 ans

OBJECTIF : expérimenter de manière concrète la notion de densité

Pourquoi faire des sciences ?

Les enfants à cet âge cherchent en effet à appréhender la complexité des phénomènes qu'ils observent et tentent de les comprendre de la manière la plus élémentaire possible.

À nous de cultiver leur intérêt et leur enthousiasme en leur proposant des expériences scientifiques. La notion de densité peut être très abstraite et cette expérience va les aider à mieux la comprendre.

Comment présenter l'activité à l'enfant ?

- Installez les différents ingrédients sur un plateau.
- Expliquez à votre enfant qu'il va réaliser une expérience pour aborder la notion de densité.
- Nommez les différentes substances utilisées, ainsi que le matériel.

ACTIVITÉ

MATÉRIEL NÉCESSAIRE :

- un grand verre type verre doseur
- sirop (de fruit)
- liquide vaisselle
- eau
- huile

ACTIVITÉ

COMMENT PROCÉDER :

1 Invitez l'enfant à verser du sirop dans le grand verre (environ 3 ou 4 cm de hauteur), à ajouter ensuite très lentement le même volume de liquide vaisselle, puis d'eau et enfin d'huile, toujours précautionneusement.

2 Demandez-lui d'observer ce qui se passe (il peut aussi faire un dessin). Laissez-le en tirer ses propres conclusions et proposez-lui de les noter dans son cahier.

....

....

....

3 Demandez à votre enfant de refaire l'expérience en modifiant l'ordre des liquides et de vérifier si les liquides se mélangent ou reprennent leur place. Que peut-il en conclure ?

....

....

....

Éventuellement, reformulez avec lui la conclusion :

« Chaque liquide crée une couche bien distincte et ne se mélange pas aux autres : celui qui a la plus grande masse volumique coule au fond, alors que celui qui a la plus faible flotte au-dessus. »

Vous pourrez alors introduire la notion de densité, qui consiste à comparer la masse volumique de chaque liquide par rapport à l'eau.

POUR ALLER PLUS LOIN :

On peut rajouter à l'expérience des éléments solides plus ou moins lourds et observer ce qui se passe. Par exemple : du liège, une pièce de monnaie...

Comment les plantes absorbent l'eau ?

THÈME : sciences
DIFFICULTÉ : facile
ÂGE : dès 5 ans
OBJECTIF : découvrir le cycle de l'eau dans les plantes

Rien de plus enthousiasmant que de découvrir la science et la botanique en réalisant des expériences avec ce qui se trouve dans la cuisine, et ce, dès 5 ans.

Pourquoi cette expérience ?

Les plantes ont la capacité unique de fabriquer de la matière organique grâce à la photosynthèse. Via leurs racines, elles absorbent l'eau et les minéraux présents dans la terre et les transforment en matière organique, qui va leur servir de nourriture et qui participe à la vie sur la Terre. Cette expérience, facile à réaliser, met en évidence ce phénomène.

Comment présenter l'activité à l'enfant ?

- Préparez tout le matériel, puis placez-vous à côté de votre enfant.
- Nommez les différents éléments.
- Expliquez-lui que vous allez réaliser une expérience pour découvrir comment les plantes absorbent l'eau et la transportent jusqu'au bout des feuilles.

ACTIVITÉ

MATÉRIEL NÉCESSAIRE :

- 4 feuilles de chou chinois et 1 feuille centrale de chou vert (la partie la plus claire) avec de longues tiges
- 4 grands verres
- colorants alimentaires de différentes couleurs

COMMENT PROCÉDER :

1 Invitez l'enfant à remplir chaque verre d'eau à moitié.

2 Proposez-lui d'ajouter quelques gouttes de colorant alimentaire dans chaque verre (une couleur différente par verre).

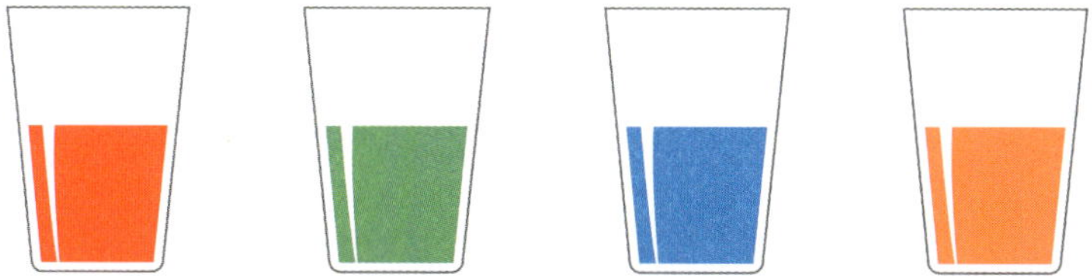

3 Puis demandez-lui de placer une feuille de chou dans chaque verre en vérifiant que la tige trempe bien dans l'eau.

4 Patientez jusqu'au lendemain pour constater le résultat. Laissez l'enfant en tirer ses propres conclusions. Invitez-le à noter ses observations dans le cahier et, pourquoi pas, à dessiner cette expérience.

....

....

....

POUR ALLER PLUS LOIN :

On peut aussi effectuer l'expérience avec des fleurs aux pétales clairs. Les colorants viendront donner une teinte aux pétales.

C'est moi le chef !

THÈME : cuisine
DIFFICULTÉ : facile
ÂGE : dès 6 ans
OBJECTIF : favoriser l'autonomie

Cette activité participe au « laisse-moi faire seul » cher à Maria Montessori et qui régale la famille.

Pour gagner en autonomie, suivre la recette !

Cuisiner ensemble est une activité que les enfants adorent ! Elle permet de créer du lien, de partager des moments simples et de se faire de fabuleux souvenirs. C'est un vrai plaisir qui permet à l'enfant de devenir de plus en plus autonome, jusqu'à assurer la recette complètement seul. Suivre une recette va permettre également de mesurer (utiliser un verre doseur, peser...), mais aussi, pour les plus grands, d'enrichir son vocabulaire et d'aborder la syntaxe (une recette de cuisine est un excellent support pour réfléchir sur le temps et le mode des verbes). Enfin, ce type d'activité affinera sa dextérité et sa concentration.

Comment présenter l'activité à l'enfant ?

- Rassemblez le matériel et placez-vous à côté de votre enfant.
- Nommez et présentez les différents ustensiles et ingrédients.
- Annoncez l'objectif de l'activité : « Aujourd'hui, je vais t'apprendre à faire un gâteau. »

ACTIVITÉ

MATÉRIEL NÉCESSAIRE :

- 2 saladiers
- un moule rond de 23 cm de diamètre (type moule à manqué)
- un fouet ou une cuillère en bois (pour mélanger)
- une cuillère à café
- une cuillère à soupe
- une balance

COMMENT PROCÉDER :

- Demandez à votre enfant de préparer les ingrédients.
- Présentez le déroulement de la recette en silence, avec des gestes très lents et précis.

Si l'enfant s'est déjà exercé à mesurer et à peser des ingrédients et sait suivre une recette, cette étape est inutile.

Le gâteau zébré

INGRÉDIENTS

- 2 x 125 ml d'huile de tournesol (250 ml)
- 2 x 125 g de sucre en poudre (250 g)
- 2 x 50 ml de lait (100 ml)
- 2 x 2 œufs (4)
- 1 cuillerée à soupe d'extrait de vanille
- 175 g + 125 g de farine (300 g)
- 2 x 1 cuillerée à café rase de levure
- 25 g de cacao en poudre non sucré
- un peu de beurre pour le moule

C'est un gâteau marbré, tu vas donc préparer 2 pâtes de couleurs différentes.

Demande à un adulte d'allumer le four à 180 °C.

1 Dans chaque saladier, verse l'huile, le sucre, le lait, puis ajoute les œufs. Mélange bien jusqu'à ce que le mélange soit homogène.

2 *Pâte à la vanille* : dans un des saladiers, ajoute 175 g de farine, la levure et l'extrait de vanille liquide. Mélange bien.

3 *Pâte au chocolat* : dans l'autre saladier, ajoute 125 g de farine, la levure et le cacao en poudre. Mélange bien.

4 Beurre le fond du moule et le pourtour en passant un petit morceau de beurre.

5 Dépose 1 cuillerée à soupe de la pâte de ton choix au milieu du moule. Puis dépose 1 cuillerée à soupe de l'autre pâte au centre de la précédente. Ainsi de suite, jusqu'à ce que les saladiers soient vides. Les pâtes vont s'étaler au fur et à mesure et remplir le fond du moule.

6 Demande à un adulte de mettre le gâteau au four et d'en surveiller la cuisson (avec la pointe d'un couteau). Le gâteau doit être cuit en 40 minutes.

Merci à Julie du blog
http://julieetlesjogeo.canalblog.com

Une chambre Montessori

La chambre est un lieu privilégié pour votre enfant, c'est un espace où il peut jouer, développer son imaginaire, rêver et apprendre. Il est donc important qu'il s'y sente bien et en sécurité.

Une pièce agréable et rangée

Veillez là aussi à ce que l'environnement soit agréable et confortable, qu'il puisse y évoluer en toute liberté et en toute autonomie. Par exemple, classez ses vêtements de manière ordonnée, dans des tiroirs bien accessibles, qu'il pourra ouvrir largement.

Privilégiez les matières saines et solides (comme le bois), des meubles adaptés à sa taille, et un petit marchepied pour accéder aux interrupteurs par exemple. Préférez des étagères basses, pour y disposer des livres et des jouets, plutôt que des bacs où tout serait mélangé et où l'enfant aura plus de mal à organiser ses affaires.

La chambre, son espace

Encouragez-le à décorer sa chambre avec de beaux dessins, de petits bouquets de fleurs, des trésors qu'il aura trouvés dans la nature et qu'il prendra plaisir à entreposer et à observer. Vous pouvez aussi lui proposer des images (d'enfants ou d'animaux). Accrochez-les à sa hauteur.

Même si bon nombre d'enfants se plaisent à faire leurs devoirs dans des pièces animées comme la cuisine, ils peuvent aussi apprécier le calme d'un espace bien à eux, de travailler sur un coin bureau où ils auront à disposition tout le matériel nécessaire.

Pour cette pièce, nous vous proposons donc des activités plus centrées sur les matières « scolaires » : les mathématiques, la grammaire...

PETIT MÉMO DÉCO
À FAIRE AVEC VOTRE ENFANT

- **Origami** : fixez au mur de jolies grues pliées en papier !
- **Décor de saison** : en automne, bombez des branches mortes et faites-en des bouquets ; en hiver, grâce à des feutres spéciaux et à des pochoirs, les fenêtres se parent de givre ; au printemps, commencez un herbier que votre enfant gardera précieusement dans sa table de chevet ; en été, punaisez les cartes postales qu'il reçoit au-dessus de son lit.
- Vous pouvez aussi acheter des **cadres photos** bruts et laisser votre enfant les décorer ou les peindre comme il le souhaite. Il pourra ensuite y glisser les photos des personnes qu'il aime.
- Accrochez au plafond des étoiles phosphorescentes. Guidés par une **carte du ciel**, vous pourrez avec votre enfant les disposer selon les cartes des constellations.
- Un **planisphère** au mur ou un globe terrestre sont des éléments prisés de la pédagogie Montessori et qui font des beaux objets de déco !
- Un **espace détente** peut aussi être aménagé : un petit matelas au sol, avec des coussins, un plaid, une petite bibliothèque...

Utiliser les solides de géométrie

Les solides bleus de géométrie sont un matériel important de la pédagogie Montessori ; ils sont introduits avec le matériel sensoriel dès 3 ans.

THÈME : géométrie
DIFFICULTÉ : moyenne
ÂGE : dès 6 ans
OBJECTIF : intégrer le vocabulaire des solides, les notions d'arêtes et de sommets

Pourquoi utiliser ce matériel ?

La manipulation des solides permet de stimuler la connaissance des formes par la palpation (affinement du sens stéréognosique). Mais la connaissance des formes sur le plan sensoriel et lexical (savoir les nommer et les reconnaître) a aussi pour but de préparer l'enfant à la géométrie et de permettre son adaptation à son environnement.

Comment présenter l'activité à son enfant ?

- Rassemblez le matériel sur un tapis et installez-vous près de votre enfant.
- Invitez-le à prendre une forme géométrique et à l'associer à la carte de nomenclature qui correspond.

ACTIVITÉ

MATÉRIEL NÉCESSAIRE :

- carton épais pour fabriquer le tableau (format A3)
- 2 pots (boîtes de conserve, rouleaux de papier toilette...)
- tapis
- solides de géométrie (sinon boîte d'allumettes, bille ou balle, dé...)
- cartes de nomenclature des solides de géométrie (à photocopier, voir p. 54 et 55)
- allumettes
- pâte à modeler

COMMENT PROCÉDER :

REMARQUE :
Cette activité peut être réalisée avec des Geomag (le jeu où des bâtonnets aimantés sont reliés par des boules en métal).

1 Dans un premier temps, présentez les formes à l'enfant en choisissant 3 solides bien contrastés : par exemple le cube, la boule et la pyramide. Présentez chaque solide (continuez en faisant des séries de 3).

2 Photocopiez les cartes (voir double page suivante), découpez-les et montrez les cartes correspondant aux volumes (toujours par 3).

3 Lorsque le vocabulaire des solides est bien connu, on peut introduire les notions d'arête et de sommet.

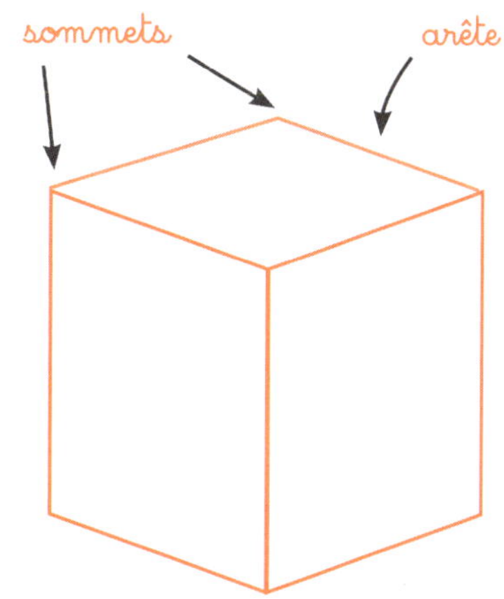

4 Invitez l'enfant à prendre une forme géométrique et à l'associer à la carte de nomenclature qui correspond. Proposez-lui d'observer les formes, de compter le nombre d'arêtes et de sommets et de les noter dans son cahier.

5 Une fois que l'enfant a compté les arêtes et les sommets de tous les solides, demandez-lui de prendre autant d'allumettes que d'arêtes puis de faire autant de boules avec la pâte à modeler que de sommets.

6 Il peut alors construire les formes de chaque volume en assemblant les allumettes et les boules de pâte à modeler.

VARIANTES :

Il existe de nombreuses activités à proposer dans la continuité de cette présentation. En voici quelques-unes :

- Reconnaître les solides les yeux bandés.
- Vérifier la trace que laisse chaque solide dans le sable. (Le plateau de sable va permettre à l'enfant d'établir des relations entre les mouvements qu'il réalise et les traces qu'il laisse. On va pouvoir utiliser différents accessoires pour marquer le sable et appréhender les premiers gestes de l'écriture.)

Les solides de géométrie

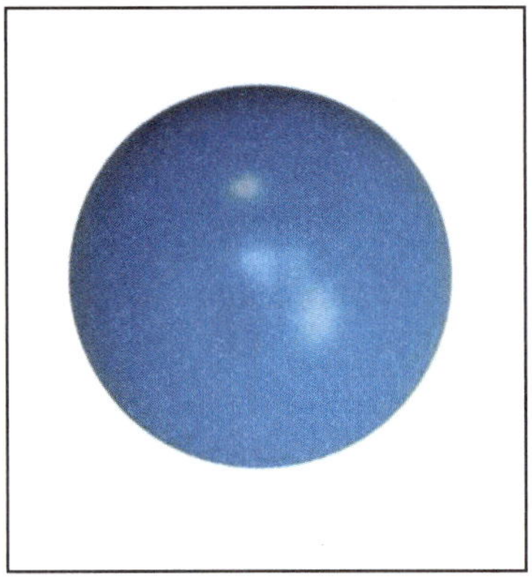

boule

ovoïde

cylindre

pavé droit

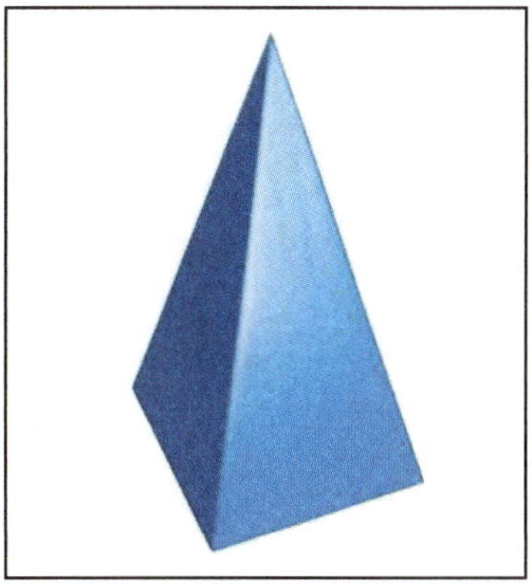

cône

prisme à base triangulaire

pyramide à base triangulaire

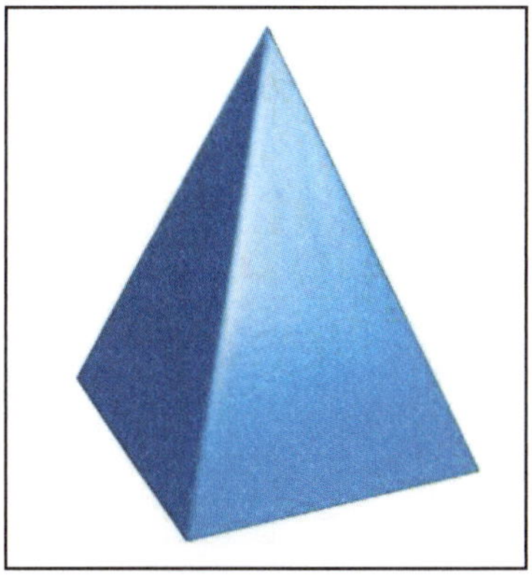

cube

pyramide à base carrée

ellipsoïde

À la découverte des fractions

THÈME : mathématiques
DIFFICULTÉ : moyenne
ÂGE : dès 6 ans
OBJECTIF : découvrir les fractions de manière concrète

Aborder les fractions en mathématique n'est pas toujours simple. Certains enfants ont vraiment besoin de visualiser et de manipuler pour bien intégrer cette notion.

Pourquoi faire cette activité ?

Maria Montessori a imaginé un matériel composé de différents disques en métal pour travailler les fractions. Ils permettent une approche sensorielle, car l'enfant va pouvoir les manipuler. Ils permettent aussi, dans un premier temps, de présenter à l'enfant les **noms des familles des fractions** (demi, tiers, quart…). Ensuite, on pourra aussi s'en servir pour additionner, soustraire, multiplier et diviser des fractions de même dénominateur (voir **Pour aller plus loin** ci-contre). Et enfin, ils préparent l'enfant aux premières équivalences de façon à pouvoir travailler plus tard avec des fractions aux dénominateurs différents.

Investir dans les cercles en métal peut être onéreux. Vous pouvez les fabriquer en carton ou en mousse en vous référant aux modèles ci-joints.

Comment présenter l'activité à son enfant ?

- Photocopiez les gabarits puis reportez-les sur le papier cartonné rouge.
- Découpez 10 rectangles de 8 x 7 cm dans le papier cartonné vert qui serviront de support à chaque famille de fractions (voir illustration ci-dessous ainsi que le blog milkandfabric.com).
- Rassemblez-les sur un tapis, installez-vous à côté de l'enfant et dites-lui : « Nous allons apprendre ensemble le nom des fractions. Voici le matériel des fractions. Si je prends une pomme et que je la partage en deux, je vais avoir deux moitiés de pomme, soit deux demi-pommes. Si j'ai quatre enfants, je vais couper chaque demi-pomme par deux, je vais obtenir quatre morceaux de pomme, chacun représentant un quart de pomme. »

ACTIVITÉ

MATÉRIEL NÉCESSAIRE :

- tapis
- papier cartonné rouge pour les cercles
- papier cartonné vert pour les supports

COMMENT PROCÉDER :

1 Prenez le disque rouge cartonné et dites à l'enfant : « Tu vois, mon disque entier c'est un. » L'enfant va répéter « un ».

2 Prenez le support des demis et dites « Tu vois, c'est la famille des demis. » L'enfant va répéter. Alors prenez un demi rouge et dites : « Tu vois, là, je pose un demi ». On peut écrire sur une étiquette un trait et un 2 en dessous, et le placer à côté ou découper les étiquettes (voir p. 59).

3 Sortez ensuite un tiers et dites : « Là, tu vois c'est la famille des tiers. » Écrivez 3 sous un trait et placez le papier près du tiers sorti.

4 Continuez ainsi avec un quart, un cinquième, et ainsi de suite jusqu'au dixième.

REMARQUE :

Bien sûr, on peut commencer par introduire seulement 3 familles, puis renforcer le vocabulaire avec une leçon en 3 temps (voir p. 5), puis rajouter des familles au fur et à mesure que les précédentes sont bien acquises.

POUR ALLER PLUS LOIN :

On peut préciser à l'enfant la suite de l'activité avec la notion de dénominateur : « Tout ce qu'on a écrit, ça s'appelle le dénominateur, c'est le nom de famille. Et maintenant on va voir les prénoms de toutes les fractions ». Montrez le 2 et dites : « C'est la famille des demis, on a un demi. » Écrire 1 au-dessus du 2. Montrez le 3 et dites : « C'est la famille des tiers, il va s'appeler un tiers. » et écrivez 1 au-dessus du 3. Sortez le deuxième tiers et dites à l'enfant : « Et celui-ci, il va s'appeler comment ? Deux tiers. » Passez à la famille des quarts, et ainsi de suite. Précisez que ce qui correspond au prénom s'appelle le numérateur et que ce qui correspond au nom de famille s'appelle le dénominateur.

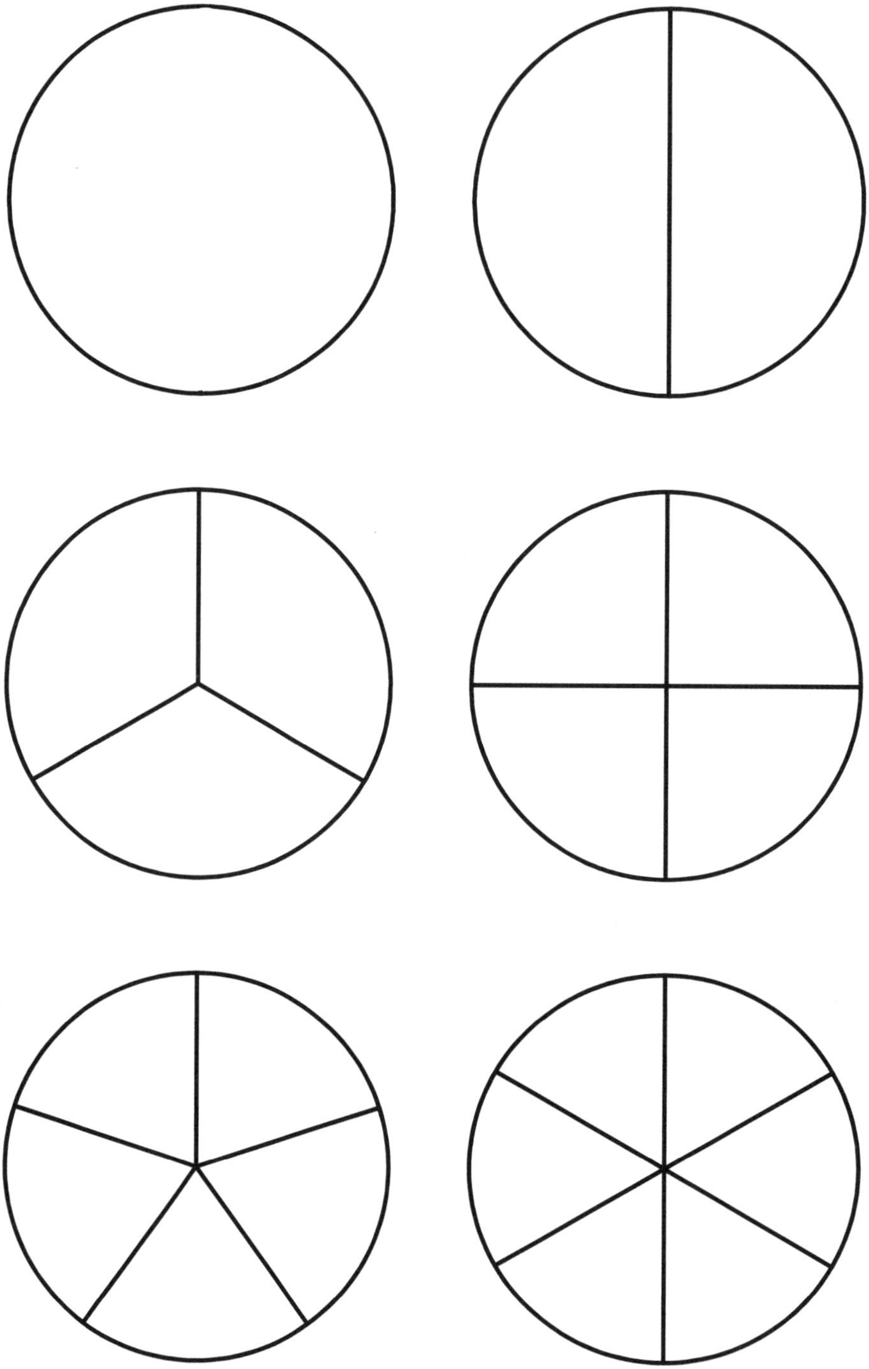

Gabarits pour les fractions

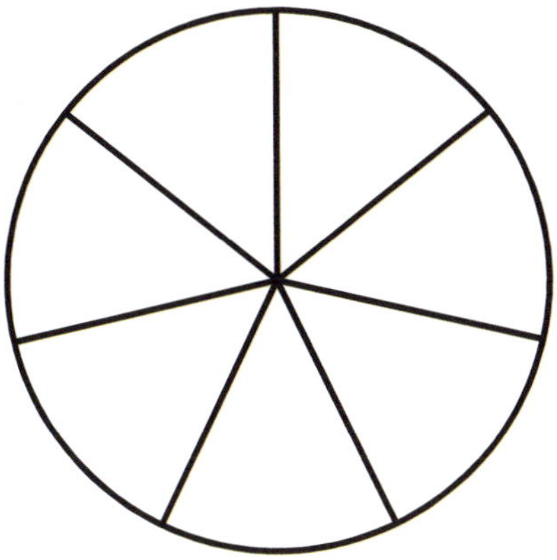

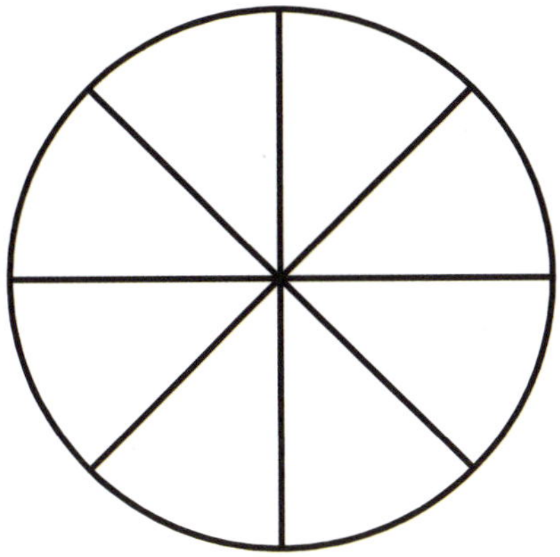

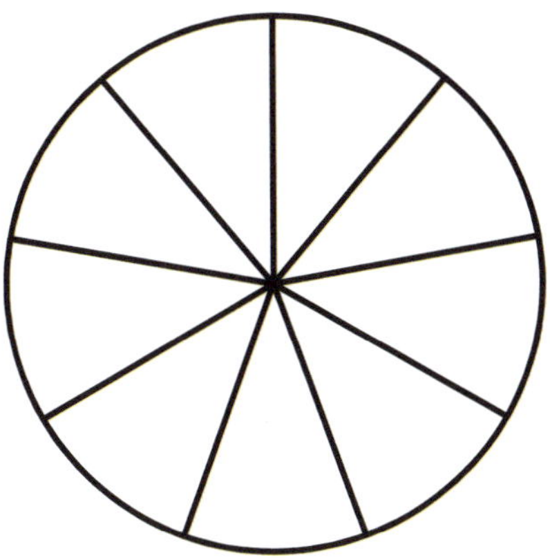

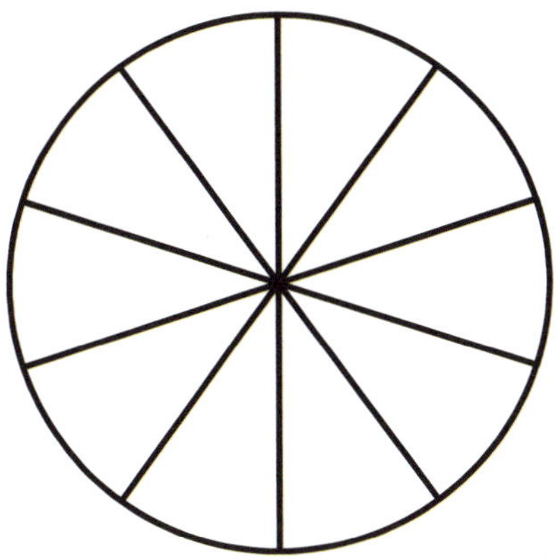

1	2	3	4	5
6	7	8	9	10

un
demi
tiers
quart
cinquième
sixième
septième
huitième
neuvième
dixième

À la croisée des chiffres

THÈME : mathématiques
DIFFICULTÉ : moyenne
ÂGE : dès 6 ans
OBJECTIF : aider à l'apprentissage des tables de multiplication

Dans la pédagogie Montessori, le matériel sensoriel concret utilisé au début dans les mathématiques se transforme petit à petit en matériel favorisant l'abstraction. La table de Pythagore est l'un de ces outils.

Pourquoi faire cette activité ?

Il s'agit d'un tableau à double entrée qui permet de bien visualiser les tables de multiplication en posant les résultats inscrits sur de petits carrés. Ce matériel est très intéressant, car il va bien aider l'enfant à intégrer le mécanisme de la multiplication, difficile à comprendre. Il permet aussi d'introduire les notions de « carré du nombre » ou le principe de la division.
Grâce à une longue observation et manipulation de cette table, l'enfant acquerra les bonnes bases pour la construction de sa pensée mathématique.

ACTIVITÉ

MATÉRIEL NÉCESSAIRE :

- tapis
- carton épais (ou vieux calendrier découpé) de 30 cm de côté
- un exemplaire du tableau des chiffres « résultats » sur papier blanc (photocopié à 200 %) (vous pouvez en photocopier un autre exemplaire que vous ne découperez pas et qui servira de tableau correcteur)
- un exemplaire du tableau « plateau » sur papier rouge (photocopié à 200 %)
- ciseaux
- colle
- perles, grains de maïs ou tout autre chose dénombrable

ACTIVITÉ

PRÉPARER LA TABLE DE PYTHAGORE :

Le matériel est simple à réaliser, votre enfant peut le préparer lui-même dès le primaire.

- Collez le tableau rouge sur le support cartonné (une fois photocopié à 200 %, il mesurera 30 cm de côté).
- Découpez les 100 cases du tableau blanc pour obtenir les 100 « carrés résultats » et rangez-les dans une boîte ou un sachet. N'hésitez pas à plastifier votre matériel si vous souhaitez qu'il résiste à de nombreuses manipulations.

REMARQUE :
Pensez à souligner l'équivalence d'une équation lorsque l'opération est inversée :
par exemple 2 x 4 = 8
et 4 x 2 = 8.

COMMENT PROCÉDER :

1 Prenez la table de Pythagore et ses étiquettes (en les étalant sur le tapis), ainsi que les petits objets dénombrables, puis placez-vous à côté de l'enfant.

2 Avec les objets dénombrables, réalisez 2 paquets de 2, puis montrez-lui comment multiplier 2 x 2 en assemblant les 2 paquets. Dites : « 2 x 2 = 4. » Puis dénombrez les objets : « 1, 2, 3, 4. » Répétez « 2 x 2 = 4. » L'enfant peut répéter aussi.

3 Montrez sur la table de Pythagore le 2 horizontal et le 2 vertical, puis faites glisser vos doigts en suivant le système de la double entrée et placez au fur et à mesure les étiquettes : 1, 2, 3, 4, d'abord en haut puis sur le côté.
Présentez toute la table de 2 suivant le même principe.

4 Invitez l'enfant à se familiariser avec la table de 2 en lui proposant d'en répéter les opérations.

5 Poursuivez avec la table de 3 dès que l'enfant est à l'aise avec la table de 2, et ainsi de suite, jusqu'à la table de 10.

La table de Pythagore (support)

1	2	3	4	5	6	7	8	9	10
2									
3									
4									
5									
6									
7									
8									
9									
10									

La table de Pythagore (feuille de contrôle)

1	2	3	4	5	6	7	8	9	10
2	4	6	8	10	12	14	16	18	20
3	6	9	12	15	18	21	24	27	30
4	8	12	16	20	24	28	32	36	40
5	10	15	20	25	30	35	40	45	50
6	12	18	24	30	36	42	48	54	60
7	14	21	28	35	42	49	56	63	70
8	16	24	32	40	48	56	64	72	80
9	18	27	36	45	54	63	72	81	90
10	20	30	40	50	60	70	80	90	100

Explorer le monde

Pour aborder la géographie, le globe rugueux est un outil précieux. Il permet d'acquérir une représentation globale de la Terre, en différenciant visuellement et par le toucher l'eau (océans, mers) des continents.

THÈME : géographie
DIFFICULTÉ : facile
ÂGE : dès 5 ans
OBJECTIF : découvrir les continents

Pourquoi faire cette activité ?

Ce globe permet à l'enfant de découvrir le concept de continents et de les nommer. La pédagogie Montessori préconise de travailler une seule chose à la fois. Ainsi, il existe deux globes pour aborder les continents : le premier est un globe rugueux, où les surfaces qui représentent l'eau sont lisses et bleues, et les surfaces représentant les continents rugueuses (comme pour les lettres ou les chiffres) et de couleur sable. Le but de celui-ci est vraiment d'appréhender de manière sensorielle une représentation de la terre et de la mer. Il peut être présenté dès 3 ans et demi.

Dans un second temps, c'est le globe des continents qui est présenté : chacun est coloré en une couleur particulière qui sera reprise pour toutes les activités de géographie. Il permettra de différencier et de nommer chaque continent.

Lorsqu'on essaie d'appliquer la pédagogie Montessori à la maison, il peut être difficile de trouver la place et le budget pour rassembler tout le matériel proposé. Nous vous invitons donc à fabriquer un globe rugueux coloré, qui pourra vous servir d'unique support à ces diverses activités.

ACTIVITÉ

MATÉRIEL NÉCESSAIRE :

- un vieux globe terrestre
- papier calque
- ciseaux
- vernis colle + un bâton de colle
- sable de couleur (rouge, jaune, vert, marron, orange, rose et blanc)
- peinture bleue

COMMENT PROCÉDER :

1 Décalquez les contours des continents en prenant soin de bien suivre les frontières mer/terre afin d'obtenir un résultat le plus précis possible. Vous pouvez aussi photocopier la carte donnée page suivante. Puis découpez-les.

2 Fixez avec le bâton de colle les calques sur toutes les parties « terre » afin de les protéger lorsque vous allez peindre les parties « mer ».

3 Appliquez la peinture bleue sur toutes les parties « mer », au pinceau ou à la bombe. Une fois la peinture bien sèche, ôtez les calques.

4 Vous pouvez ensuite passer à la partie « continents ». Vous allez appliquer les sables colorés continent par continent. Étalez du vernis colle sur un continent et recouvrez-le ensuite de sable. Puis passez au suivant, et ainsi de suite. Voici la liste des couleurs :

- Europe = rouge
- Asie = jaune
- Afrique = vert
- Océanie = marron
- Amérique du Nord = orange
- Amérique du Sud = rose
- Antarctique = blanc

COMMENT PRÉSENTER L'ACTIVITÉ À L'ENFANT ?

- Installez le globe sur un tapis.
- Expliquez à l'enfant qu'on va lui présenter le globe lisse et rugueux.
- Touchez le rugueux et le lisse puis invitez l'enfant à faire de même.
- Touchez les continents (le rugueux) puis nommez : « la Terre. »
L'enfant touche à son tour le rugueux et répète.
- Procédez de même pour la mer : touchez le lisse, puis nommez : « la mer. »
Et invitez l'enfant à répéter de nouveau en caressant le lisse.

La carte du monde

Un jardin Montessori

Respecter la nature, apprendre à l'aimer est primordial. L'enfant qui grandit au contact de la nature va se construire un refuge qu'il pourra retrouver à tous les moments de sa vie où il aura besoin de se ressourcer. En prenant le temps de l'observer, de la découvrir, un enfant en appréciera toutes les richesses et comprendra pourquoi il est nécessaire d'en prendre soin.

Cet environnement calme l'aidera à se recentrer, à développer son imagination et libérer son esprit. Il sera aussi le lieu privilégié pour escalader, grimper, courir, laisser exploser sainement son énergie.

La nature à portée de main

Tout le monde a accès à la nature. Bien sûr, lorsqu'on vit à la campagne, on peut profiter d'un jardin, c'est plus simple. Mais même en ville, il suffit de prendre le temps de partir explorer les parcs avoisinants ou un petit plan d'eau. On peut aussi aménager un petit espace jardinage sur son balcon, par exemple ou même dans la cuisine ! Même un bord de fenêtre suffira : mettez des graduations sur une bouteille d'eau et vous aurez fabriqué un pluviomètre !

Tout est possible à partir du moment où votre enfant s'ouvre au monde !

PRÊTS POUR ALLER VOUS PROMENER ?

Voici une liste non exhaustive d’objets à glisser dans un sac à dos afin de permettre à votre enfant une exploration de la nature.

Le kit du jeune explorateur

- ☐ stylos
- ☐ feuilles de papier
- ☐ crayons de couleur
- ☐ cahier (pour réaliser un herbier)

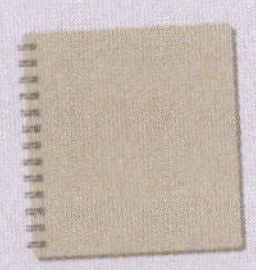

- ☐ loupe

- ☐ ruban mètre

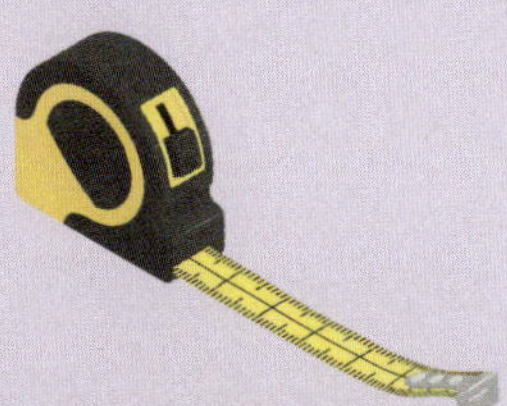

- ☐ casquette

- ☐ cartes nomenclature empreintes (voir p. 12 et 13)
- ☐ cartes nomenclature animaux (voir p. 12 et 13)
- ☐ boussole

- ☐ lampe de poche

- ☐ pince, type pince à épiler (pour attraper les insectes par exemple)
- ☐ gourde remplie d'eau

Explorateur en herbe

Rien de mieux que la nature pour explorer et comprendre le monde. C'est un lieu idéal pour de multiples apprentissages, un espace privilégié de découvertes, d'observations et d'émerveillement.

THÈME : botanique
DIFFICULTÉ : facile
ÂGE : dès 5 ans
OBJECTIF : se familiariser avec la nature

Comment lui faire découvrir les « trésors » de la nature ?

Au contact de la nature, l'enfant va développer sa pensée critique et l'envie de comprendre les phénomènes naturels : les saisons, les nuages, les modes d'alimentation des animaux...
Organiser une chasse aux trésors est une façon ludique d'inviter l'enfant à **ouvrir les yeux sur son environnement, à éveiller ses sens.** D'ailleurs, on l'encouragera à prendre les trésors dans ses mains pour sentir leur forme, leur texture... et leur odeur.

Comment présenter l'activité à son enfant ?

Donnez le matériel à l'enfant et proposez-lui de partir explorer librement la nature afin de trouver tous les éléments de la liste.

EXEMPLES DE LISTE DE TRÉSORS :

- Un caillou rond
- Une feuille verte
- Une feuille rouge
- Un gland
- Un peu de mousse
- Un morceau d'écorce
- Un trèfle
- Une pomme de pin
- Trois types de graines
- Quelque chose qui sent bon
- Quelque chose de long
- Quelque chose de pointu

ACTIVITÉ

MATÉRIEL NÉCESSAIRE :

- sac ou boîte à œufs
- liste des trésors à collecter (voir p. 70)

COMMENT PROCÉDER :

1 Choisissez une forêt (ou un parc) où l'enfant pourra se promener librement et en sécurité.

2 Veillez à être présent, mais sans surprotection, (et c'est difficile pour les parents d'aujourd'hui !).

3 Demandez à votre enfant de chercher les éléments dans l'ordre qu'il souhaite.

S'il n'arrive pas à trouver certains éléments, ils pourront être cherchés une autre fois.

COLLE OU DESSINE LES TRÉSORS QUE TU AS TROUVÉS

Faire ses plantations

THÈME : botanique
DIFFICULTÉ : facile
ÂGE : dès 6 ans
OBJECTIF : sensibiliser l'enfant au cycle de la nature

Cette activité aidera vos enfants à apprécier le cycle de la nature, tout en les initiant aux bases de la permaculture.

Pourquoi une activité de jardinage ?

En lui donnant la possibilité de faire pousser ses propres légumes, fruits ou herbes aromatiques, vous cultivez chez l'enfant sa curiosité et son enthousiasme. Découvrir et comprendre le développement des végétaux jusqu'à la récolte demande de la patience. C'est aussi très gratifiant : savourer et régaler toute la famille sont autant de raisons de se lancer !

Entretenir l'attention de son enfant

Bien entendu, l'objectif de ce jardinage n'est pas la productivité, mais la **réalisation d'une tâche sur une durée** : l'enfant devra maintenir son attention, penser à arroser ses plantes, en prendre soin avant de voir le résultat.

En choisissant des fruits ou des légumes que l'enfant pourra facilement récolter tout seul, vous l'encouragerez à surveiller leur évolution et il sera heureux de cueillir les fruits de son travail.

Comment présenter l'activité à son enfant ?

- Présentez le matériel en prenant soin de nommer avec précision chaque élément.
- Fournissez-lui des outils adaptés à sa taille et solides (éviter la pelle et le râteau de plage), mais qu'il pourra manipuler sans se blesser.

ACTIVITÉ

MATÉRIEL NÉCESSAIRE :

- un contenant adapté à votre environnement : des petits pots ou une grande cagette (si vous disposez d'un balcon), une jardinière ou un potager en carré (qui peut être acheté à monter ou fabriqué à partir de palettes)
- carton pour recouvrir le fond du contenant
- déchets verts (herbe tondue, déchets végétaux, mauvaises herbes)
- déchets bruns (branches broyées, feuilles mortes), en quantité nécessaire pour faire un lit qui recouvre la surface du contenant
- paille

- terre à potager
- outils : petite pelle, petit râteau, gants, arrosoir
- plants de légumes, de fruits ou d'herbes aromatiques, faciles à récolter : fraises, tomates cerises, radis, basilic, menthe...
- eau

COMMENT PROCÉDER :

1 Invitez votre enfant à tapisser le fond du contenant avec du carton.

2 Demandez-lui d'étaler ensuite une couche de déchets verts pour recouvrir entièrement le carton, puis une couche de déchets bruns. Recommencez l'opération.

3 Terminez par une couche de terreau, pour arriver à quelques centimètres du bord du contenant.

4 Dites-lui d'arroser abondamment pour que toutes les couches soient humides.

5 Après avoir fait un trou pour chaque plante, déposez chaque plant dedans en les manipulant avec précaution.

6 Recouvrez de paille la surface entre les plants. Elle conservera l'humidité de la terre.

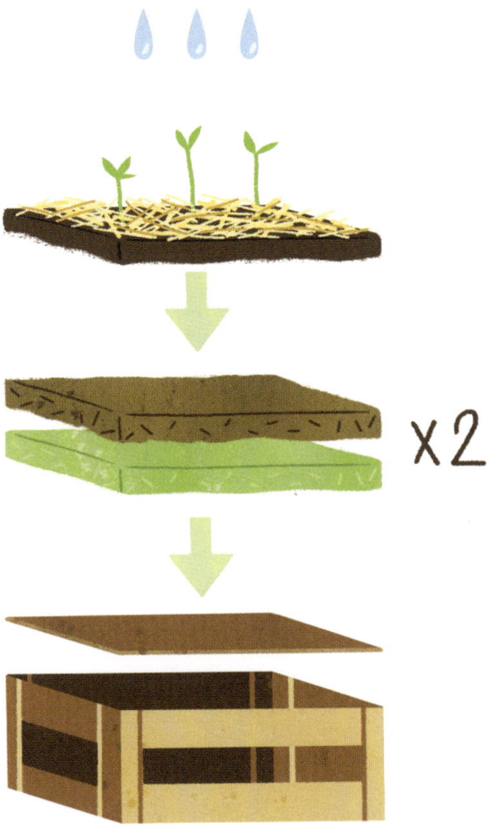

Expliquez à l'enfant l'importance d'être minutieux dans la manipulation des plantes et de veiller à leur entretien une fois que celles-ci seront mises en terre.

Ça pousse !

THÈME : botanique
DIFFICULTÉ : facile
ÂGE : dès 6 ans
OBJECTIF : découvrir le cycle de développement d'une graine

La botanique et la connaissance de la nature sont des aspects très importants de la pédagogie Montessori, notamment pour mieux appréhender l'environnement.

Pourquoi observer une plante ?

Les enfants se posent toujours beaucoup de questions. Ainsi, découvrir le développement végétal en observant les différentes étapes de la germination est une expérience qui a toujours du succès auprès d'eux. Encore une fois, rien de mieux que de travailler sur du concret en réalisant la plantation des graines et en observant directement leur germination. Cette expérience sera plus facilement réalisable au printemps. En dehors de cette saison, vous pouvez utiliser les cartes de nomenclature et/ou des figurines.

Comment présenter l'activité à son enfant ?

Placez-vous à côté de votre enfant une fois tout le matériel rassemblé.
Le but de l'activité est de planter des graines de haricots pour en observer la germination.

ACTIVITÉ

MATÉRIEL NÉCESSAIRE :

- quelques graines de haricots (il est préférable de les faire tremper dans de l'eau une nuit avant de présenter l'activité)
- un petit pot en verre (type pot à yaourt)
- papier absorbant ou terre
- un pichet d'eau

COMMENT PROCÉDER :

1 Invitez votre enfant à enrouler le papier absorbant et à le placer dans le petit pot en verre de manière à ce que les parois soient bien couvertes. (Si vous utilisez de la terre, proposez-lui de remplir les pots en verre avec une grande cuillère.)

2 Demandez-lui de placer ensuite les graines entre le papier absorbant et la paroi (ou contre la paroi si le pot est rempli de terre, garder les graines visibles permet d'observer leur croissance).

3 Demandez-lui de verser un peu d'eau sur les graines, puis veiller à verser chaque jour un peu d'eau.

4 Proposez-lui de noter ce qu'il observe de jour en jour (et/ou de faire un dessin). Rapidement, il pourra observer la pousse des racines vers le bas et de la tige vers le haut.

POUR ALLER PLUS LOIN :

Vous pouvez inviter votre enfant à dessiner sur son cahier les différentes étapes et introduire le vocabulaire correspondant.

graine : donnera une nouvelle plante
tégument : peau de la graine
radicule : jeune racine
cotylédons : première partie qui se présente à l'air libre et contient les réserves de la graine
tigelle : formera la tige
gemmule : partie qui donnera les premières feuilles

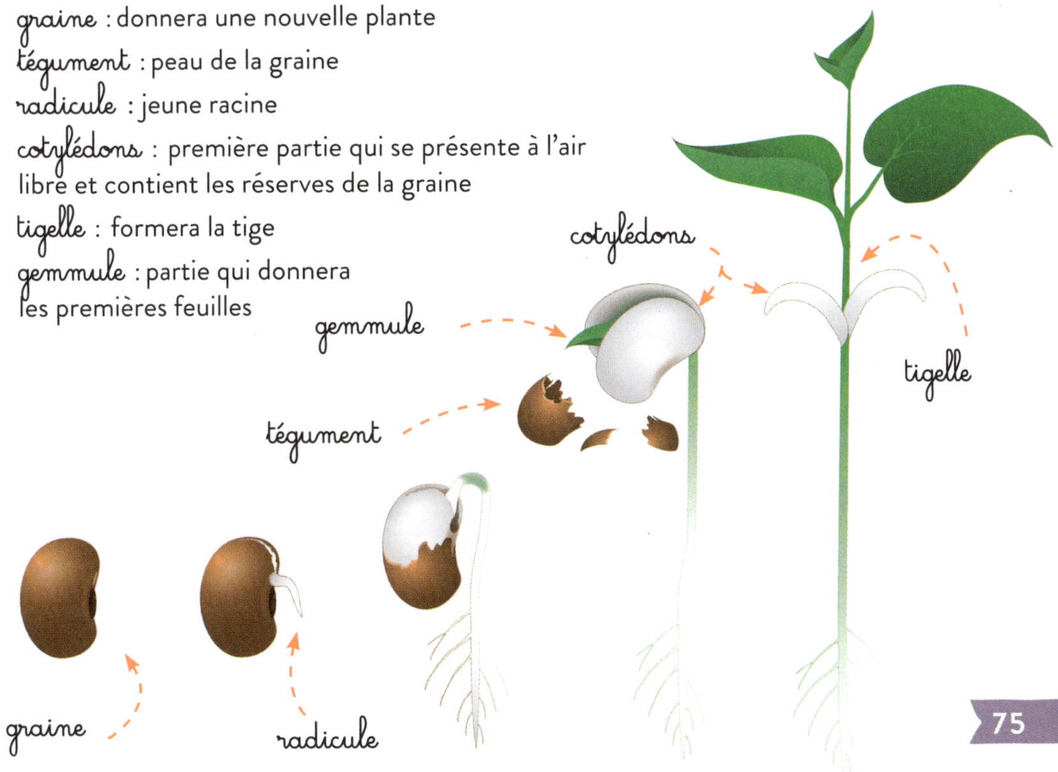

Fabriquer son géoplan

Un géoplan est une planche avec 25 clous placés à intervalles réguliers qui permet, grâce à des élastiques, de réaliser des figures géométriques. On peut commencer avec des figures très simples, puis plus complexes au fur et à mesure.

Pourquoi fabriquer un géoplan ?

Utiliser des vrais outils comme ses parents enthousiasme toujours les enfants. Et lorsqu'il s'agit de fabriquer un jeu avec lequel il pourra s'amuser, c'est très motivant !
Par ailleurs, planter des clous est une activité qui développe la dextérité, la motricité fine et la concentration.

Comment présenter l'activité à son enfant ?

Présentez tout le matériel en nommant chaque outil et en insistant sur l'importance de la sécurité, car ce sont de vrais outils.

THÈME : bricolage/repérage visio-spatial

DIFFICULTÉ : moyenne

ÂGE : dès 6 ans pour la fabrication

OBJECTIF : développer la motricité fine et la concentration

ACTIVITÉ

MATÉRIEL NÉCESSAIRE :

- une planche de contreplaqué de 25 cm de côté
- pointes ou clous (2 cm de hauteur)
- élastiques
- un marteau
- une règle
- un crayon à papier

COMMENT PROCÉDER :

1 Invitez tout d'abord votre enfant à marquer chaque côté du carré avec un point tous les 5 cm. Puis de relier les points à la règle de manière à obtenir 25 carrés de 5 cm de côté.

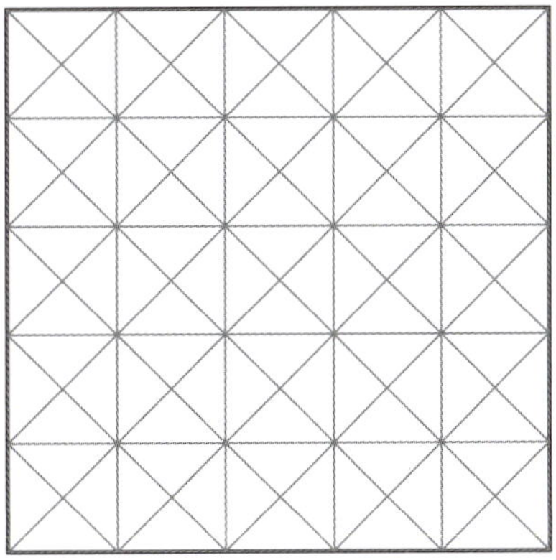

2 Tracez ensuite les diagonales pour déterminer le centre de chaque carré.

3 Demandez à l'enfant de planter un clou au centre de chaque carré : 25 clous, c'est un exercice de patience.

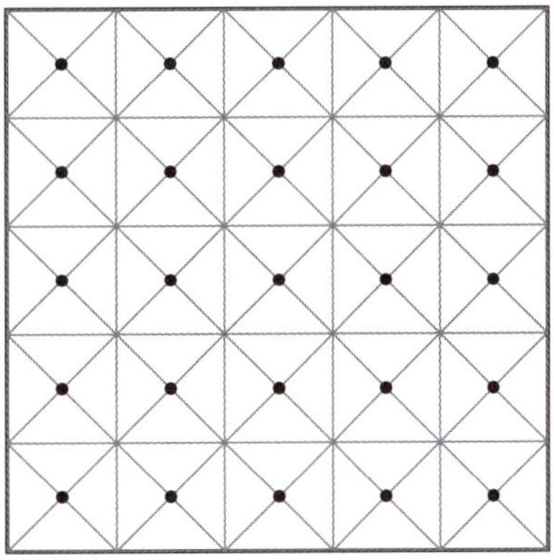

4 Et voilà, le plateau de jeu de votre enfant est terminé !

5 Proposez-lui de reproduire les figures géométriques dessinées sur les cartes modèles (voir double page suivante) en accrochant les élastiques sur les clous. Attention à respecter les longueurs des côtés.

Vous pouvez aussi laisser l'enfant réaliser ses propres figures géométriques.

Utiliser son géoplan

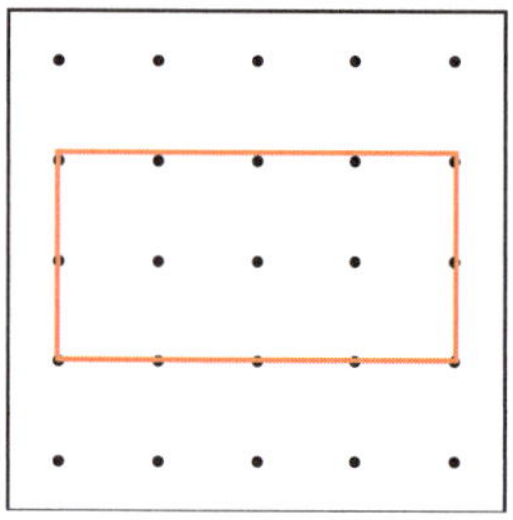
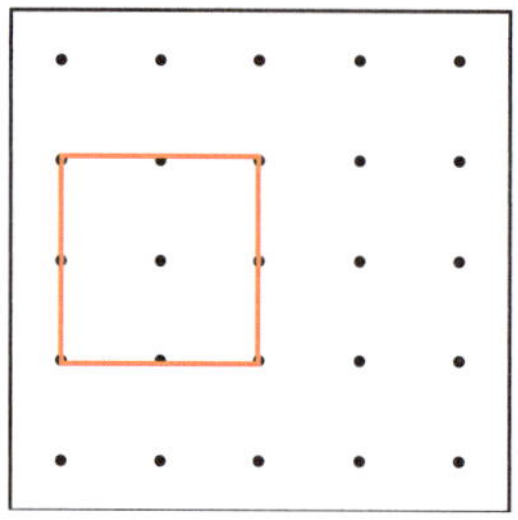
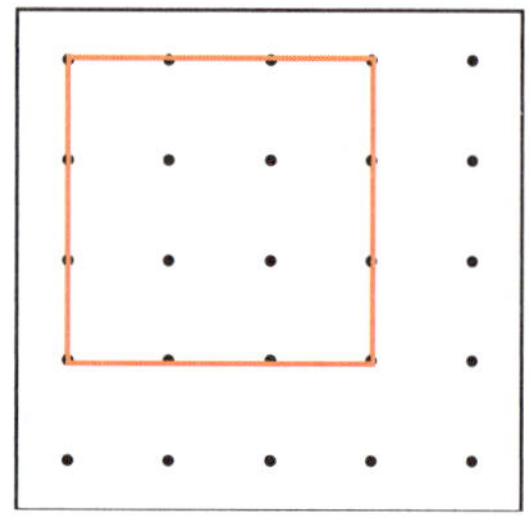
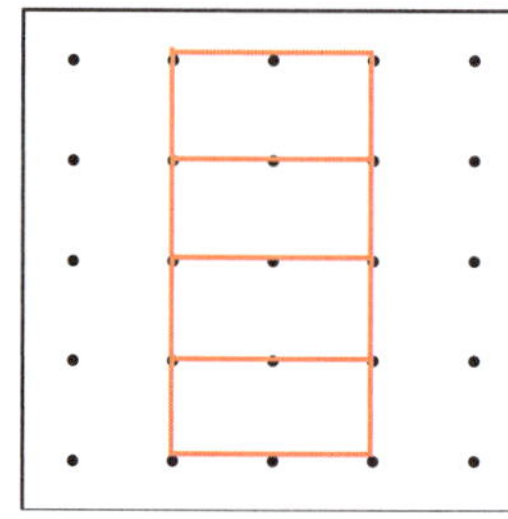

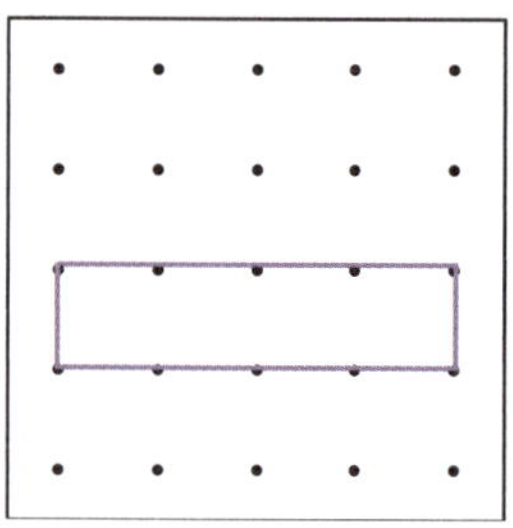
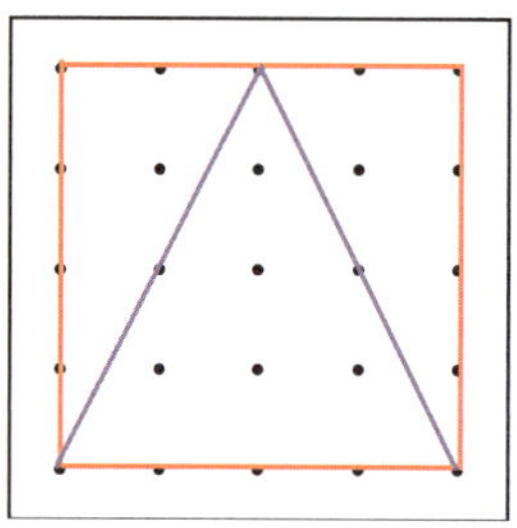
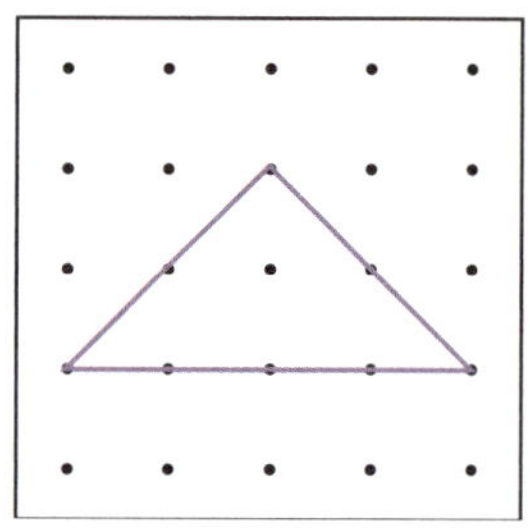
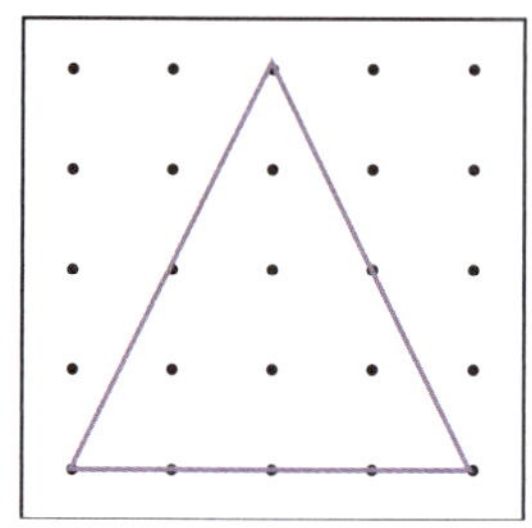

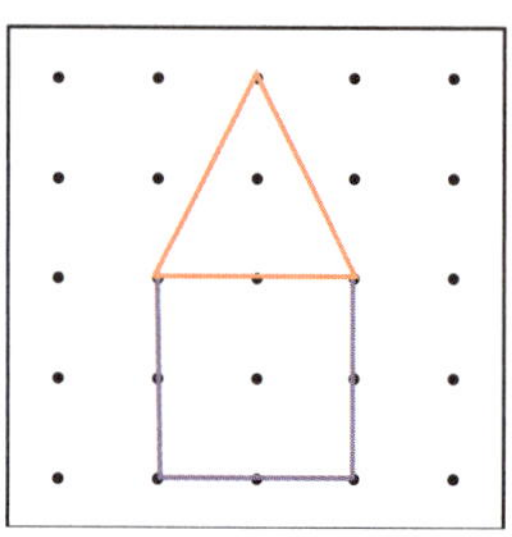
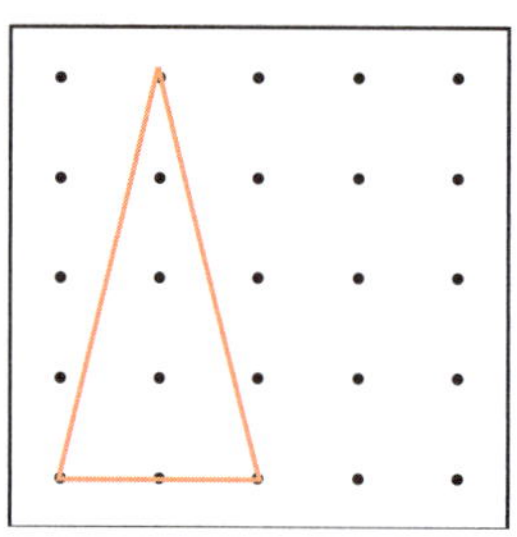
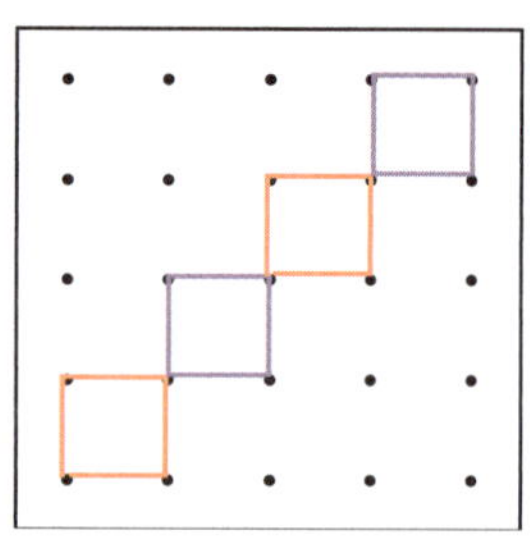
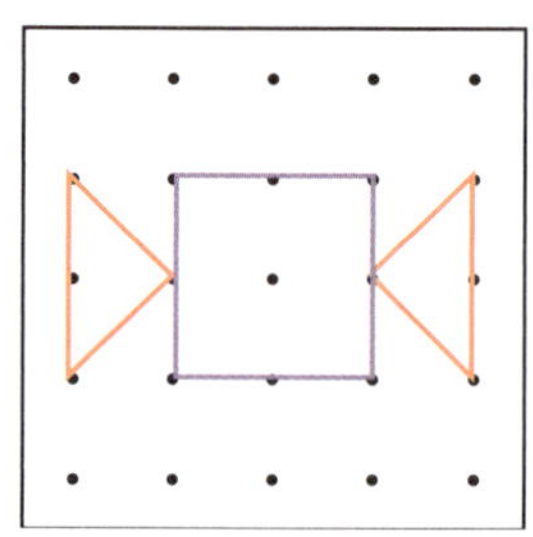

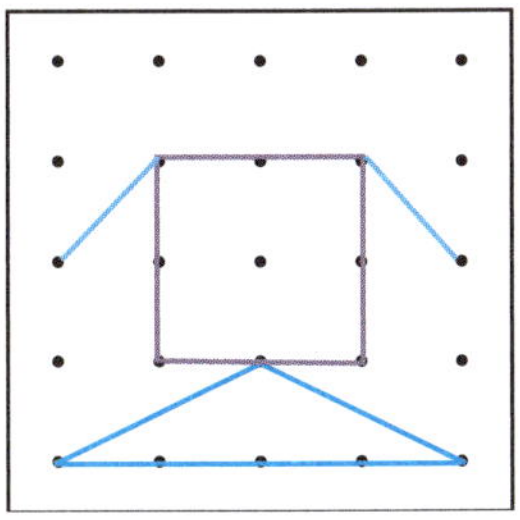
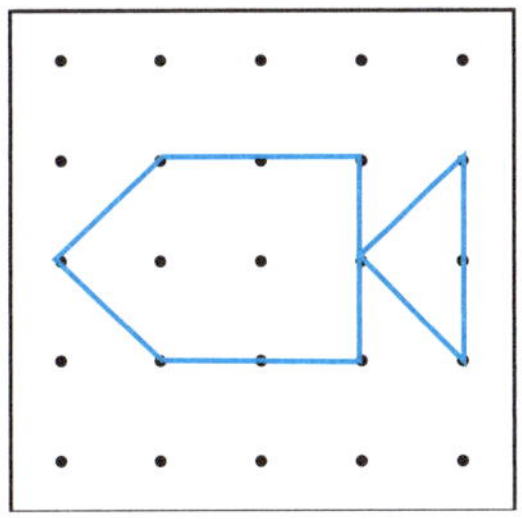
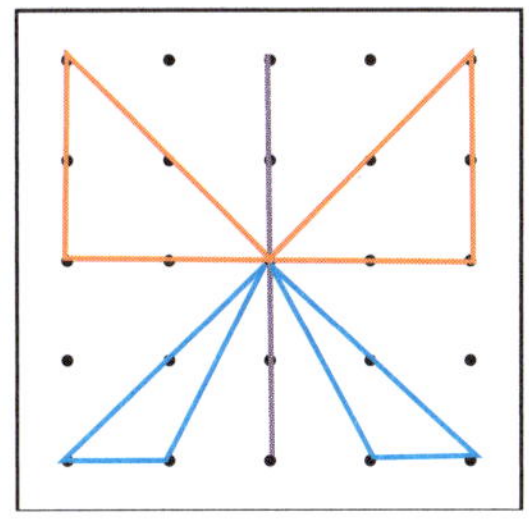
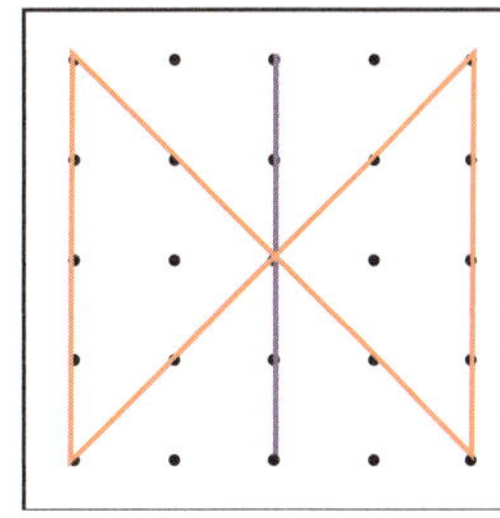
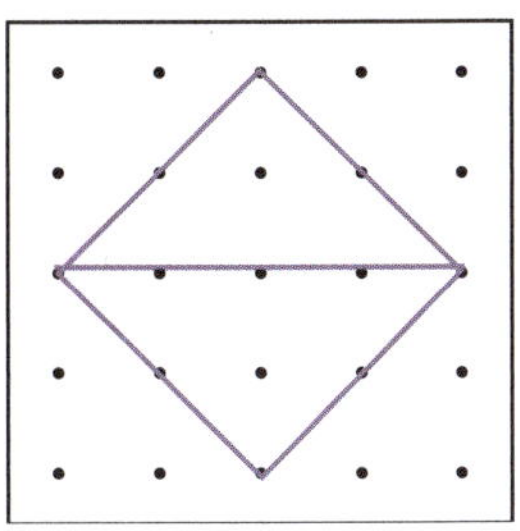
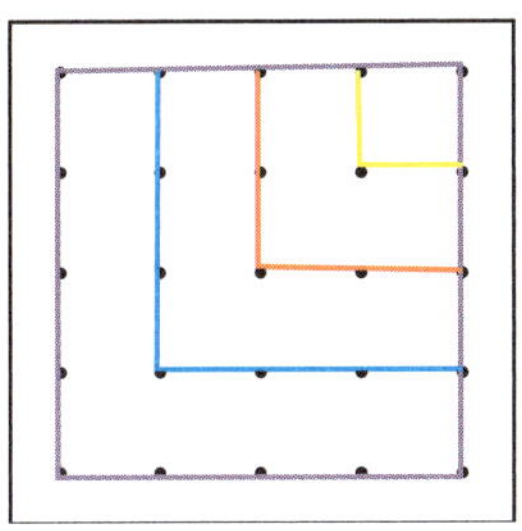
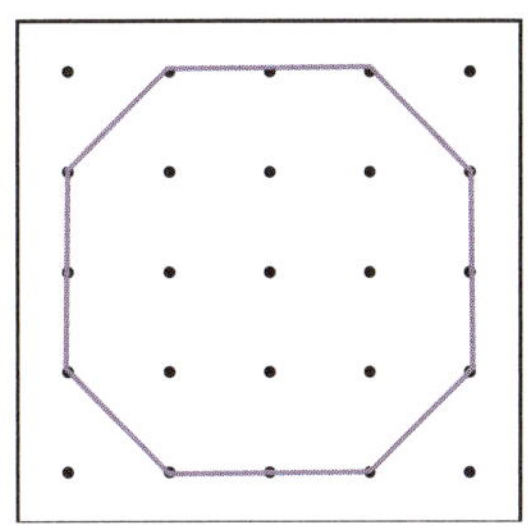
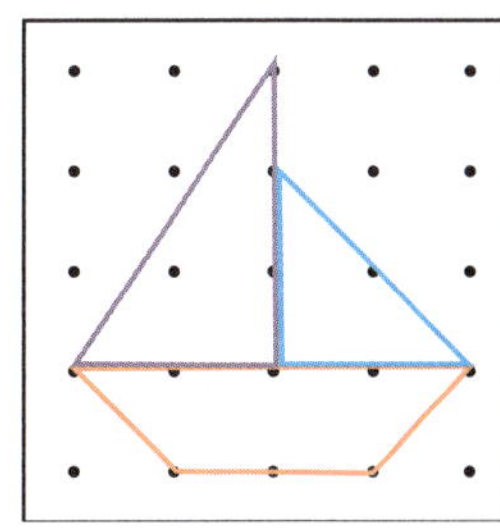
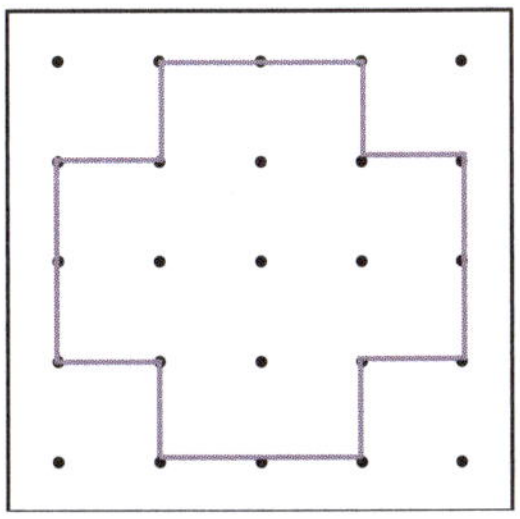
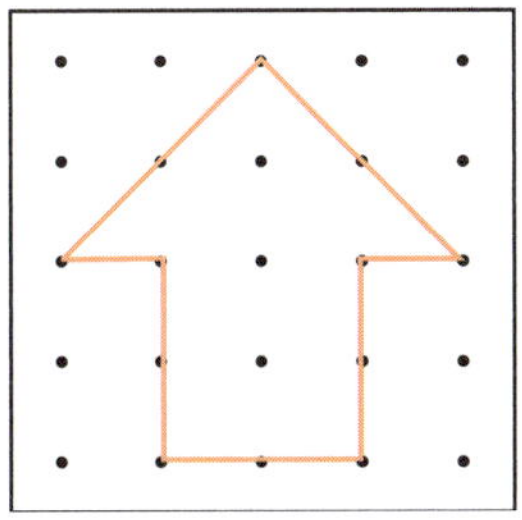
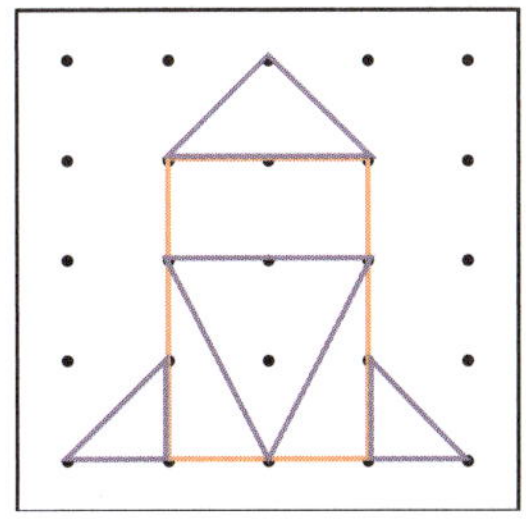
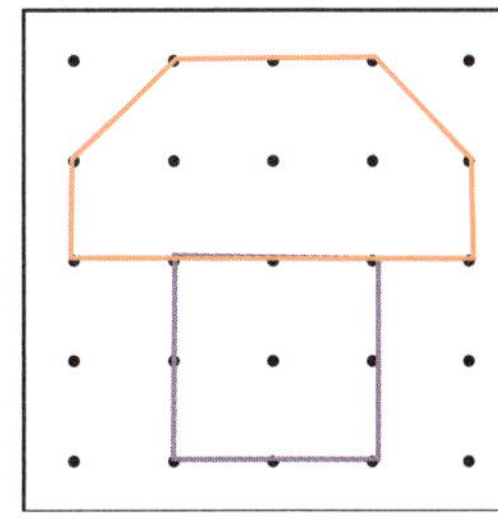

Direction de la publication
Isabelle Jeuge-Maynart et Ghislaine Stora

Directrice éditoriale
Aurélie Starckmann

Responsable éditoriale
Nathalie Cornellana
assistée de Sophie Harris

Relecture-corrections
Laurence Alvado

Conception graphique
et mise en pages
Anna Bardon

Couverture
Véronique Laporte

Fabrication
Marine Garguy

ISBN : 978 2 03 595342 1

Crédits des illustrations :

© Shutterstock
p. 12 : © Eric Isselee / © JIANG HONGYAN / © Jim Cumming / © Olhastock / © ONYXprj / © Evgeniya Mukhitova
p. 13 : © Valeriy Evlakhov / © Sonsedska Yuliia / © Eric Isselee / © Mr. SUTTIPON YAKHAM / © Allinone / © Daria Rybakova / © ONYXprj / © Evgeniya Mukhitova
p. 20 : © Rainer Lesniewski / © Albachiaraa / © Francois Poirier
p. 21 : © Bananaboy / © Serban Bogdan
p. 28 (de gauche à droite) : © kavalenkau / © A Aleksii / © casejustin / © Mozarella / © Zentangle / © MaryValery / © robuart / © Paragorn Dangsombroon / © kolopach / © Rvector / © Makar Mahadeo / © E.Druzhinina / © Nevada31 / © Eugene Zagatin / © Merfin / © julymilks / © SVStudio / © Jut / © Kilroy79 / © Liubov Sergeeva / © SaveJungle / © Fox Design / © Peter Hermes Furian / © ActiveLines / © piqbg / © LynxVector / © Spreadthesign
p. 31-32 : © Hollygraphic / © angelinast / © tatishdesign / © Big and Serious / © Ad_hominem / © Polii / © Kgkarolina
p. 33 : © tadishdesign
p. 47 : © T-kot
p. 49 : © twobears_art
p. 66 – 67 : © Kurilenko Katya
p. 69 : © bearsky23 / © josep perianes jorba / © Rvector /© Nadia Buravleva / © Irina Danyliuk
p. 75 : © Designua
© Rachid Maraï p. 43 et p. 77

Imprimé en Espagne par Macrolibros
Dépôt légal : août 2018
321805/01 - 11038239 - juillet 2018